Devancer

HERMÈS

CHANEL

beaujolais nouveau

Cordon Bleu

Cartier

Lac vert

CLARINS

Marie Claire

LANCÔME

café au lait
café noir

FESTIVAL DE CANNES

Louis Quatorze
PARIS

거리에서 배우는
프랑스어

거리에서 배우는 프랑스어

지은이_ 윤동진·김선미
1판 1쇄 발행_ 2005. 2. 18.
1판 10쇄 발행_ 2013. 4. 27.

발행처_ 김영사
발행인_ 박은주

등록번호_ 제406-2003-036호
등록일자_ 1979. 5. 17.

경기도 파주시 교하읍 문발리 출판단지 515-1 우편번호 413-756
마케팅부 031)955-3100, 편집부 031)955-3250, 팩시밀리 031)955-3111

저작권자 ⓒ 2005 윤동진·김선미
이 책의 저작권은 저자에게 있습니다. 저자와 출판사의 허락 없이
내용의 일부를 인용하거나 발췌하는 것을 금합니다.

COPYRIGHT ⓒ 2005 by Yoon Dongjin·Kim Sunmi
All rights reserved including the rights of reproduction
in whole or in part in any form. Printed in KOREA.

값은 뒤표지에 있습니다.
ISBN 978-89-349-1699-4 13760

독자의견 전화_ 031) 955-3200
홈페이지_ http://www.gimmyoung.com
이메일_ bestbook@gimmyoung.com

좋은 독자가 좋은 책을 만듭니다.
김영사는 독자 여러분의 의견에 항상 귀 기울이고 있습니다.

거리에서 배우는
프랑스어

윤동진·김선미 지음

김영사

책을 내면서

우리의 일상생활 속에 깊숙이 들어와 있지만 쉽게 깨닫지 못하고 사용하는 외래어들 중 하나가 프랑스어입니다. 프랑스어는 화장품이나 의류뿐만 아니라 음식과 레저·문화 분야에서도 알게 모르게 많이 사용되고 있는 현실입니다. 그러면서도 정확한 뜻이나 발음은 알지 못하고, 한국어 표기에 따라 어색하게 발음하며 단순히 상표 정도로만 알고 있는 경우가 흔합니다. 하지만 그 단어들 하나하나의 고유한 뜻과 발음을 안다면 프랑스어는 더욱 가깝게 느껴질 것입니다.

이 책은 우리 문화 속에 널리 퍼져 있는 프랑스어를 이용해 프랑스와 프랑스어에 보다 쉽게 접근할 수 있도록 하고자 씌어졌습니다. 그렇기 때문에 어디서든 간단히 펼쳐볼 수 있도록 구성했습니다. 책 한편에는 일상생활 속에서 여러 차례 접해봤을 법한 프랑스어 발음과 뜻을 적고 관련 사진이나 이미지를 덧붙여 좀더 이해하기 쉽도록 만들었습니다. 발음 표기는 그 단어의 발음이 정확하게 쓰였으면 그대로 놔두고, 정확하지 않은 발음은 단어 옆에 프랑스어 발음에 최대한 가까운 한국어 표기로 적었습니다. 다른 한편에는 심화 학습자를 위해 프랑스어의 간단한 규칙 체계와 구조를 공부할 수 있도록 문법에 대한 설명과 함께 프랑스어 회화를 집어넣어 기본적인 의사소통에 빠르고 쉽게 활용할 수 있을 것입니다.

특히 회화의 예문들은 기존의 것들과는 관점을 달리해 새로운 내용들을 실으려고 노력했습니다. 지금까지의 많은 외국 문화 소개서나 외국어 학습서들이 그 나라의 언어로 그 나라의 문화에 대해 말하는 일방통행적인 방법을 답습해왔습니다. 그러나 외국 문화와 외국어의 학습은 자국 문화와 언어의 기반 위에서 이루어져야 한다고 생각합니다. 따라서 이 책에서는 지금까지 부지불식간에 행해져 왔던 이러한 오류를 가능한 한 답습하지 않기 위해, 프랑스 문화를 올바로 알고 그 기반 위에서 우리 문화를 이야기하게 하는 형태로 꾸며보았습니다.

아무쪼록 이 책이 프랑스에 대해 좀더 알고 싶어 하는 일반 교양인이나 프랑스 관련 기업체에 종사하는 사람들에게 도움이 되고, 본격적으로 프랑스어를 공부하고자 하는 학생들에게도 좋은 길잡이가 되기를 바랍니다.

끝으로 이 책이 나오기까지 물심양면으로 도와주신 여러 선생님들과 특히 김영사 박은주 사장님께 이 자리를 빌어 감사의 마음을 전합니다.

2005. 1 윤동진 · 김선미

차례

sommaire

I. 명품과 소리의 이미지 | 10

1. 랑콤Lancôme의 콧소리가 예쁘지요! | 12
2. 마 '리' 끌레 '르' Marie Claire의 묘미를 느껴볼까요? | 14
3. 에르메스Hermès와 모네Monet에 소리 나지 않는 글자가 있지요? | 16
4. '빠리' Paris일까요, '파리' 일까요? | 18
5. 까르띠에Cartier와 셀린느Céline는 둘 다 c로 시작해요 | 20
6. 듀퐁Dupont과 유로euro를 정확하게 소리 내볼까요? | 22
7. '몽' Mon과 '아미' Ami가 모나미가 되네요 | 24

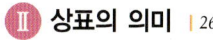

II. 상표의 의미 | 26

1. 옴므homme와 팜므femme | 28
2. 라프레리La Prairie와 로레알L'Oréal에는 관사가 들어 있어요 | 30
3. 라끄베르Lac vert는 초록 호수예요 | 32
4. 마몽드Ma monde의 오류를 아세요? | 34
5. 엘르Elle가 그녀랍니다 | 36
6. 드방세Devancer는 동사예요 | 38
7. 상표에 등장하는 다양한 프랑스어 | 42

맛

I. 카페 café와 레스토랑 restaurant | 46
1. 카페오레 café au lait와 카페누아르 café noir중 어느 것을 좋아하세요? | 48
2. 떼르 드 글라스 Terre de Glace에서 들라 글라스 de la glace를 먹어볼까요? | 50
3. 쉐누 Chez nous라는 카페에서 차를 마셔본 적이 있나요? | 52
4. 로 미네랄 l'eau minérale은 에비앙 Evian으로 하실까요? | 54
5. 레스토랑 restaurant에서 쁠라 뒤 주르 plat du jour를 주문해볼까요? | 56
6. 르 비프텍 Le Bifteck에서 비프텍 bifteck을 맛본 적이 있나요? | 58

II. 포도주와 치즈 | 60
1. 보졸레 누보 beaujolais nouveau를 아시죠? | 62
2. 보르도 bordeaux와 부르고뉴 bourgogne중 어느 것을 더 좋아하세요? | 64
3. 포도주 색깔과 요리와는 어떤 관계가 있을까요? | 66
4. 샴페인 champagne과 코냑 cognac을 아세요? | 68
5. 백화점 식품코너에서 프랑스 치즈를 찾아봅시다 | 70
6. 카망베르 camembert와 브리 brie를 맛보셨나요? | 72
7. 퐁듀 fondue를 맛보셨어요? | 76

III. 불랑쥬리 boulangerie와 빠띠쓰리 pâtisserie | 78
1. 바게트 baguette와 크라상 croissant중 어느 것을 좋아하세요? | 80
2. 서울의 포숑 Fauchon과 빠리의 포숑에서는 무엇을 팔까요? | 84
3. 뚜레쥬르 Tous Les Jours에서는 '매일' 오라고 합니다 | 88

IV. 까르푸 Carrefour와 쒸뻬르마르쉐 supermarché | 90
1. 오렌지 orange와 메론 melon은 슈퍼 supermarché에서 사지요 | 92
2. 프랑스 샐러드는 어떨까요? | 96
3. 크리스마스에 프랑스 사람들은 굴을 즐겨 먹습니다 | 98

I. 바캉스 vacances | 104

1. 산으로 갈까요, 바다로 갈까요? | 106
2. 우리나라의 아쉬운 휴가, 프랑스의 긴 여름휴가 | 110
3. 부활절과 성탄절에도 두 주일의 휴가가 있다면! | 114
4. 짧은 휴가도 즐겁습니다 | 118

II. 관광 tourisme | 122

1. 트라제 Trajet로 갈까요, 르노 Renault로 갈까요? | 124
2. 한국고속철도 KTX와 테제베 TGV | 128
3. 박물관 패스 Carte musées et monuments를 가지고 파리의 명소를 구경할까요? | 132
4. 전철을 타고 베르사유 Versailles로 가봐요 | 136

III. 호텔 hôtel과 메종 maison | 140

1. 노보텔 Novotel과 관광호텔 | 142
2. 호텔에서 부케 bouquet를 든 예쁜 피앙세 fiancée를 보셨나요? | 146
3. 호텔이 아닌 호텔 | 150
4. 빌 ville이 붙은 아파트가 많아요 | 152
5. 전원주택을 갖고 싶으시죠? | 156

IV. 스포츠와 로또 | 160

1. 붉은 악마와 예술축구 | 162
2. 프랑스 오픈 테니스와 투르 드 프랑스가 재미있지요? | 166
3. Lotto와 Loto | 170

V. 예술의 나라 | 172

1. 칸 영화제 Festival de Cannes와 아비뇽 연극축제 Festival d'Avignon를 아세요? | 174
2. 프랑스 화가들의 서울 전시회를 가보셨어요? | 178
3. 교보문고와 프낙 FNAC 사이트에 들어가 보세요 | 182

Partie 1

향기로운 프랑스어의 매력,

멋이 매혹적인 소리가 되어
우리 곁에 다가옵니다

멋

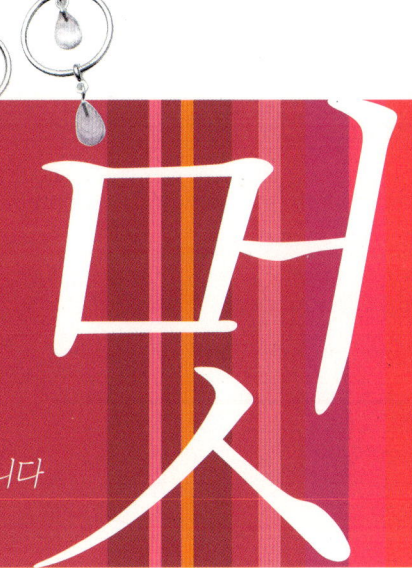

I **명품과 소리의 이미지**

II **상표와 의미**

I 명품과 소리의 이미지

1. 랑콤 Lancôme의 콧소리가 예쁘지요! | 12
2. 마 '리' 끌레 '르' Marie Claire의 묘미를 느껴볼까요? | 14
3. 에르메스 Hermès와 모네 Monet에 소리 나지 않는 글자가 있지요? | 16
4. '빠리' Paris일까요, '파리' 일까요? | 18
5. 까르띠에 Cartier와 셀린느 Céline는 둘 다 c로 시작해요 | 20
6. 듀퐁 Dupont과 유로 euro를 정확하게 소리 내볼까요? | 22
7. '몽' Mon과 '아미' Ami가 모나미가 되네요 | 24

1 랑콤Lancôme의 콧소리가 예쁘지요!

랑콤 Lancôme [랑꼼]
모음 [아]를 생각하면서 콧소리를 내보세요. [랑]이 [렁]에 가까워요.

클라란스 Clarins [끌라렝쓰]
'클라란스'의 한국어 발음표기가 잘못된 것을 찾아낼 수 있겠지요! 모음 [에]를 생각하면서 콧소리를 내보세요!

롱샴 Longchamp [롱샹]
Longchamp에서 am을 [샴]이 아니라 비모음 [샹]으로 발음해야 되겠지요!

빠르푕 parfum
f발음 아시죠! 우리나라 말로 옮길 수 없어서 [ㅍ]로 표기했어요! um [욈]의 실제 발음은 소리의 간소화 경향으로 '엥'에 더 가까워요.

멋있게 배우는 프랑스어

● **프랑스어의 매력은 콧소리에 있어요!**

비모음은 [앙], [엥], [옹], [욍]이 있어요.

각 모음(a, e, i, o, u) 뒤에 m이나 n이 있으면 그 모음이 콧소리가 돼요. 프랑스어의 비모음은 우리말의 이응(ㅇ)받침이 붙는 소리와 비슷한데, 완전히 같지는 않아요. 그럼 어떻게 하면 멋있게 비모음을 발음할 수 있을까요? 우리말의 [앙]을 발음하다가 목젖을 한번 내려서 소리 내보세요. [앙] 소리에 [엉]이 섞이지요? 정확한 발음이에요.

● **프랑스어 상품들이 많지요? 비모음을 멋있게 발음해볼까요?**

[앙]	an am	프랑스 **France** [프랑쓰], 랑방 **Lanvin** [랑벵], 브랑누아 **Blanc noir** [블랑 누아르] 앰뷸런스 **ambulance** [앙뷜랑쓰]
	en em	앙팡 **Enfant**, 데땅뜨 **Détente** 앙상블 **Ensemble** [앙쌍블], 보땅 **Beau temps**
[엥]	ain aim	입생로랑 **Yves Saint Laurent** [이브 쌩 로랑], 꼬팽 **Copain** [꼬뺑]
	ein eim	쁠랭 **plein** [쁠렝]
	in im	쁘랭땅 **Printemps** [프렝땅], 피에르가르뎅 **Pierre Cardin** [삐에르 까르뎅]
[옹]	on om	몽쉘통통 **Mon cher tonton** [몽 쉬르 똥똥]
[욍]	un um	욍 **un**, 베르됭 **Verdun** [베르됭]

② 마'리'끌레'르' Marie Claire의 묘미를 느껴볼까요?

프랑스어를 멋있게 발음하려면, 콧소리만큼 [르]를 정확하게 소리내는 데 달렸어요! 이 발음은 혀끝을 아랫니 뒤에 대고 혀의 뒷부분을 올려 그 올려진 부분과 목젖 사이로 공기가 지나가면서 나는 소리예요. 우리말의 '흐'를 좀더 입 안쪽에서 발음하면 거의 똑같은 소리를 낼 수 있어요.

|문|화|산|책| 프랑스 향수를 좋아하세요?

프랑스를 세계적인 향수 산업국으로 이끈 주역은 프랑스 남부의 작은 도시인 그라스예요. 그라스는 예로부터 가죽 산업이 발달했는데, 가죽에서 나는 역겨운 냄새를 제거하기 위해 향을 사용했어요. 이때부터 향수가 발달하기 시작한 거랍니다. 지금은 가죽보다는 향수 산업으로 더 알려지게 되었지요. 이 지역에서 향수가 발달할 수 있었던 또 다른 이유는 꽃이 많기 때문이에요. 지중해성 기후 때문에 그라스 주변에는 장미를 비롯한 많은 꽃들이 사시사철 피어 있어요. 이 지역의 기술자들이 여러 종류의 꽃들을 이용할 수 있었기 때문에 자연히 향수 산업도 발달할 수 있었던 거지요.

멋있게 배우는 프랑스어

● R의 묘미를 느끼면서 간단한 프랑스 인사법을 배워볼까요?

▷ 아침부터 해가 지기 전까지 나누는 인사

: Bonjour, Robert.
[봉주르, 로베르]

: Bonjour, Claire.
[봉주르, 끌레르]

안녕, 로베르.
안녕, 끌레르.

▷ 헤어질 때 하는 인사

: Au revoir, Robert.
[오르부아르, 로베르]

: Au revoir, Claire.
[오르부아르, 끌레르]

잘가, 로베르.
잘가, 끌레르.

▷ 저녁 인사는 봉쑤아르 bonsoir 라고 해요.

● bonjour의 ou가 [우]로, Claire의 ai가 [에]로 소리나지요? 여러 개의 글자가 하나의 소리를 내는 경우를 알아 두면 편리해요.

[에]	ai, ei	라네즈 La neige [라 네쥬], 마리끌레르 Marie Claire
[오]	au, eau	뽈 Paul, 망또 manteau, 끌레드뽀 Clé de peau
[우]	ou	루이비통 Louis Vuitton [루이 뷔똥], 루브르 Louvre
[우아]	oi	에스뿌아르 Espoir, 떵드르 쁘와종 Tendre poison [땅드르 뿌아종]

3 에르메스 Hermès 와 모네 Monet 에 소리 나지 않는 글자가 있지요?

Hermès에서는 H가 발음되지 않아요. 헤르메스라고 하면 영어식 발음이 되겠지요? 정확한 프랑스어는 h를 뺀 [에르메스]로 해주세요.

Monet에서는 마지막 자음 글자가 발음되지 않아요. 모네를 프랑스어로 쓸 때 t를 잊지 마세요.

| 문 | 화 | 산 | 책 | 모네는 화가이기도 해요.

모네의 『루앙 성당』 시리즈를 보셨어요? 아침, 점심, 저녁 무렵 빛의 강도에 따라 전혀 다른 분위기를 연출하고 있지요? 그래서 프랑스 인상파의 대표적인 화가로 꼽힌 답니다. 『연꽃』시리즈도 마찬가지죠.

파리 근교에 있는 '모네의 집'에 가보세요. 그가 노년에 작업했던 아틀리에, 조용하고 자연스러운 풍경화를 연상시키는 정원과 연못, 그가 그리던 연꽃을 볼 수 있어요.

멋있게 배우는 프랑스어

● **몇 글자는 발음을 안 해줘요!**

프랑스어에서 h는 어떤 위치에 있어도 발음하지 않아요. 단어의 마지막 자음도 일반적으로 발음하지 않아요.

그러나 c, f, l, r, q는 예외로서 발음될 때가 흔히 있어요. 그러니까 까샤렐Cacharel의 l은 발음을 해요. bonjour도 끝 자음을 발음해서 [봉주르]라고 하지요? 그런데 이 경우에도 예외가 있어요. Hermès는 끝의 자음 글자가 s인데도 발음되지요? 고유명사일 때 흔히 있는 현상이에요.

● **마지막 자음 글자와 h를 주시하며 멋있게 발음해 보세요!**

▷ 끝의 자음 글자가 발음 안 되는 경우

라크르와 La croix [라 크루아]
오브제 Objet [오브줴]
랑데뷰 Rendez-vous [랑데부]

▷ h가 들어 있는 말

실루엣 Silhouette [씰루에뜨]
비오템 Biotherm [비오떼름]

*Biotherm은 한국어 표기에서 r음이 빠졌네요.

▷ 끝의 자음 글자가 발음되는 경우

라끄 베르 Lac vert
아베끄 르땅 Avec le temps
뽕 뇌프 Pont neuf
씨엘 Ciel
봉주르 bonjour
르 꼬끄 Le coq

● **사전에서 héros[에로]를 찾아보세요!**

h앞에 십자가(†)표시가 있지요? 이것은 héros의 첫 글자가 유음의 h라는 표시예요. 대부분은 이 표시가 없어요. 무음의 h이기 때문이에요. 두 경우 다 발음은 안하지만, 유음의 h는 경우에 따라 자음으로 취급해요.

4 '빠리'Paris일까요, '파리'일까요?

파리가 아니라 빠리예요. 우리나라 외래어 표기법에 의하면 파리로 쓰는 것이 맞아요. ㄲ, ㄸ, ㅃ와 같은 경음 사용을 금하고 있기 때문이에요. 그렇지만 정확한 프랑스어 발음은 [빠리]예요. 한 가지 더 예를 들어볼까요? 아빠는 파파papa가 아니라 [빠빠]랍니다.

| 문 | 화 | 산 | 책 | 파리의 조화를 깨트리면서도 명물이 된 건축물들을 아세요?

제일 먼저 에펠탑을 꼽을 수 있겠죠! 1889년 프랑스 대혁명 100주년을 기념하는 만국박람회를 위해 세워졌을 때, 많은 파리 지엥들이 흉물이라고 반발했어요. 이들이 강력한 캠페인을 벌여 의회가 1913년 철거 결의까지 했어요. 다행히 다음 해 제1차 세계대전이 발발하여 에펠탑이 살아남았죠.
고색창연한 파리 시내 한가운데 위치한 초현대적인 건축물, 퐁피두센터는 처음에 흉측하다는 비난을 받았지만, 지금은 파리의 명소가 되었어요. 건물 외형의 자극적인 원색이 첫눈에 파스텔톤의 파리를 제압해버려요. 파리의 석조나 벽돌 건물들과는 달리 철강과 유리로 만들어졌고, 건물내부에 숨겨져야 할 철골조 등도 외부에 노출되어 더욱 자극적이지요.
루브르 박물관 한 가운데 세워진 유리 피라미드는 전통양식과 어울리지 않는 국적불명의 조형물이라고 비난받았어요. 그렇지만 박물관이 무덤과 같은 곳이 아니라 살아있는 것이 되어야 한다면서 초현대적인 재질로 만들었어요. 지금은 현재와 과거의 징검다리를 상징하는 건축물이라는 평가를 받고 있지요.

멋있게 배우는 프랑스어

● **프랑스어의 [p], [t], [k]는 두 가지 경우로 발음돼요.**

프랑스어의 [p], [t], [k]는 ㅃ, ㄸ, ㄲ(무기음)로 발음해야 해요. 무기음이 없는 영어에 익숙한 사람들이 이것을 모두 ㅍ, ㅌ, ㅋ(유기음)로 발음하는 경향이 있어요. 우리는 우리말에 무기음이 있으니까 ㅃ, ㄸ, ㄲ로 발음해야겠지요!

그렇지만 [p], [t], [k] 다음에 [R]가 오면 그것의 영향을 받아 다시 유기음으로 발음이 돼요. 이런 예외를 잘 모르는 사람은 Printemps을 [프렝땅]으로 발음해야 되는데 '쁘렝땅' 으로 발음하지요.

● **[ㅃ]와 [ㅍ]를 구별하면서 멋있게 발음해보세요!**

[p]	Pierre [삐에르]	[pR]	쁘렝땅 Printemps [프렝땅] 에스쁘리 Esprit [에스프리]
[t]	Tendre [땅드르]	[tR]	아뜨레 Atrée [아트레]
[k]	크리니크 Clinique [끌리니끄]	[kR]	크레용 crayon [크레이옹]

● **내친 김에 잘못 쓰인 현장을 조금 더 살펴볼까요?**

주말드라마 '파리의 연인' 홈페이지에 실렸던 단어들이에요.
여기 ㅃ, ㄸ, ㄲ가 다 보이네요. 그런데 틀린 곳이 제법 있군요.

파리의 연인 랑데뷰
파리지앙 Parisien
옴므팜므 Hommefemme
쁘띠뽀또 Petite photo
파리 부띠끄 Paris boutique

rendez-vous 기억나세요? '랑데부' 지요.

Parisien [빠리지엥] 빠리 사람
en은 [앙]이었지요? 그런데 ien은 [이엥]이에요.

옴므 homme(남자)와 팜므 femme(여자)를 붙여 썼군요.

petite photo [쁘띠뜨 포또] 작은 사진
ph는 영어처럼 언제나 [f]로 발음돼요.

Paris boutique [빠리 부띠끄] 빠리 상점

5 까르띠에 Cartier 와 셀린느 Céline 는 둘 다 c로 시작해요

Cartier와 Céline의 c가 다르게 발음되지요? Cartier의 첫소리가 [ㄲ]인 것은 다음에 오는 a 때문이에요. café를 '카페'로 발음하세요? 아니면 '까페'로 발음하시나요? 이제부터는 철자를 생각하며 [까페]로 하세요.

Céline의 첫소리가 [ㅆ]인 것은 다음에 오는 e 때문이에요. 서울 정동에 있는 세실극장 아시죠? 프랑스어로 Cécile[쎄씰]이에요. c 다음에 i 가 와도 [ㅆ]예요.

감사를 표현하는 merci도 [ㅆ]예요. Merci, madame[메르씨, 마담](고맙습니다, 부인). merci에 응답해볼까요? De rien, Mademoiselle [드 리엥, 마드무아젤](천만에요, 아가씨).

20 | 거리에서 배우는 프랑스어

멋있게 배우는 프랑스어

● 같은 철자가 달리 소리 나기도 하지요!

▷ c는 a, o, u 앞에서는 [ㄲ], e, i 앞에서는 [ㅆ]로 발음돼요. 자음 앞에서는 언제나 [ㄲ]예요.

ca, co, cu	ce, ci	c + 자음
까르띠에 Cartier 코삔느 Copine [꼬뻰느] cubisme [뀌비슴]	셀린느 Céline [쎌린느] merci [메르씨]	크리니끄 Clinique [끌리니끄] 크레용 crayon [크레이옹] *c는 r앞에서 [ㅋ]인 것을 기억하시죠?

- a, o, u 앞에서라도 c 밑에 꼬리가 붙은 ç면 [ㅆ]로 발음돼요. 레스토랑의 웨이터인 가르쏭 garçon에 ç가 보이지요?
- ch는 슈[ʃ]로 발음해요. ch가 들어가는 말들을 살펴볼까요? 쇼콜라 Chocolat [쇼꼴라], 샤넬 Chanel

▷ g도 c의 경우처럼 다음에 오는 모음에 따라 [g], [ʒ]로 다르게 소리가 나요. 자음 앞에서는 [g]예요.

ga, go, gu	ge, gi	g + 자음
엘레강스 Elégance 고무 gomme [곰므] légumes [레귐]	피아제 Piaget [삐아줴] 지방시 Givenchy [지방쉬]	grand [그랑]

- [z]와 [ʒ]는 달라요. [ʒ]를 발음할 때는 [ʃ]처럼 입술을 많이 내미세요!

▷ s는 모음과 모음 사이에 올 때는 [z], 그 외에는 [s]예요.

[ㅆ]로 소리 나는 경우	[ㅈ]로 소리 나는 경우
살롱 Salon [쌀롱] 크레송 Cresson [크레쏭]	메종 Maison 쁘와종 Poison [뿌아종]

▷ 특히, e가 까다로워요. 단어 끝이나 음절 끝에서 [으], 그 외에는 [에]로 읽어요.

atelier [아뜰리에] 처음 오는 e는 음절 끝이어서 [으]이고, 두 번째 e는 [에]예요.
Pierre [삐에르] 처음 e는 [에]이고, 단어 끝에 쓰인 e는 [으]예요.

- é, è, ê처럼 e위에 표시가 있으면 언제나 [에]예요. ´, `, ^ 표시는 대문자일 때는 흔히 생략해요.

6 듀퐁Dupont과 유로euro를 정확하게 소리 내볼까요?

Dupont은 '듀퐁'이 아니라 [뒤뽕]이에요. 프랑스어의 u는 영어와는 달리 언제나 [위]로 발음해요.

유럽통합 이후 유로euro화가 많이 통용되지요? 프랑스어로 '유로'가 아니라 [외로]예요.

| 문 | 화 | 산 | 책 | 유럽연합에 대한 궁금증을 풀어볼까요?

유럽연합의 회원국 수는 얼마나 될까요? 2004년 5월 1일부터 유럽연합에 새로 10개국이 가입하여 회원국 수가 25개국으로 늘어났어요. 그럼, 유럽연합의 집행위원회와 의회는 어디에 있는지 알아볼까요? 유럽연합의 행정부 기능을 하는 유럽집행위원회는 벨기에의 브뤼셀에 있어요. EU가 커지면서 브뤼셀은 인구 100만 명 가운데 외교업무에 종사하는 사람만 5만 명이 넘을 정도로 다른 도시에서 느끼기 힘든 역동적인 분위기의 국제적인 도시입니다. 유럽연합의 입법부에 해당하는 유럽의회는 프랑스의 스트라스부르에 있어요. 각 회원국 유권자들이 보통선거를 통해 직접 선출한 의원들이 2004년 현재 626명이에요.

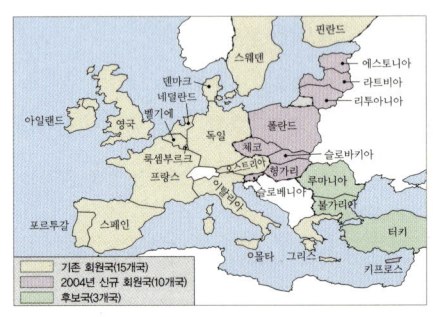

멋있게 배우는 프랑스어

● 프랑스어의 u는 [위]로 소리 나요. 이때 우리말의 '위' 처럼 입술이 움직이지 않도록 조심하세요.

루이비통 Louis Vuitton [루이 뷔똥]

에뛰드 Etude

데뷔 Début [데뷔]

▷ 친구와 만나거나 헤어질 때 [쌀뤼]라고 해요. [위]발음을 익혀보세요.

● eu, oeu는 [외]로 소리 나요. [외]는 우리나라 사람들이 소리 내는 데 가장 어려움을 느껴요. [위]와 마찬가지로 입술을 움직이지 마세요.

eu : deux [되]   oeu : soeur [쐬르]

   bleu [블뢰]

   pasteur [빠스뙤르]

▷ 가격을 묻는 대화를 통해 [외]의 정확한 발음을 확인해보세요.

7 '몽'Mon과 '아미'Ami가 모나미가 되네요

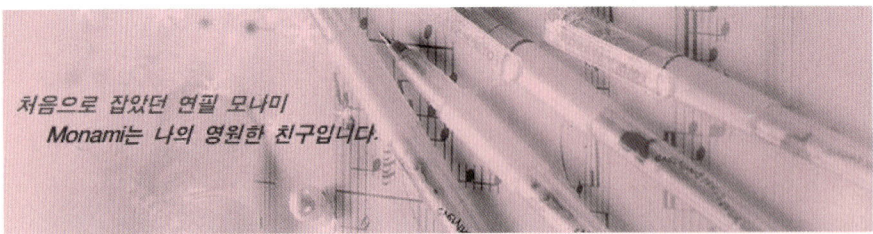

처음으로 잡았던 연필 모나미 Monami는 나의 영원한 친구입니다.

우리나라 최초의 볼펜 모나미는 프랑스어의 Mon[몽]과 Ami[아미]가 합쳐진 이름이에요. 이 두 단어를 붙이면 연음 현상이 일어나기 때문에 [모나미]가 된 거예요. mon ami가 '나의 친구' 라는 의미인 것을 아시죠?

ami는 애인이라는 뜻도 있어요. 프랑스에서는 ami 앞에 '작은', '귀여운' 이라는 의미의 petit[쁘띠]를 붙이면 '애인' 이 돼요. 그래서 mon ami 하면 '내 친구' 지만, mon petit ami[몽 쁘띠따미] 하면 '내 애인' 이 된답니다.

|문|화|산|책| 샤넬 Chanel N°5 를 아시죠?

유행에 좌우되지 않는 영원한 향수의 클래식, 샤넬 N°5의 향을 맡아보셨나요? 순수하고 가련한듯하면서도 매혹적인 이미지의 그 향은 북유럽에서 체험한 백야白夜의 환상적인 이미지를 재현한 것이래요. 1921년 샤넬의 첫 번째 조향사인 에르네스트보가 만들었어요. 샤넬 최초의 향수랍니다. N°5란 이름은 에르네스트보가 제조한 향수들 가운데 가장 샤넬의 마음에 들었던 것이 5번째 향수여서 붙여졌대요.

샤넬 N°5는 천연향과 인공향의 완벽한 조화와 절묘한 균형으로 만들어졌어요. 약 80여 가지의 꽃 향료를 기본 베이스로 동물성 향료와 화학 합성 엑기스 알데히드를 더해서 향이 오묘하고 오래 지속 돼요. 새로운 감각을 불어넣었다고 해서 모던 후로랄이라고 부르기도 하지요.

멋있게 배우는 프랑스어

● **프랑스 발음의 또 하나의 묘미는 연음(liaison)에 있어요!**

우리나라에서도 '국어'는 [구거]로 발음되지요? 이런 현상을 언어학 용어로 연음(liaison)이라고 해요. 그런데 프랑스어에서는 발음되지 않던 마지막 자음 글자까지도 모음이나 무음 h로 시작하는 단어 앞에서 살아나 연음돼요. 앞에 나왔던 deux euros[되죄로] 기억나시죠!

또 하나의 예를 들어볼까요? deux(둘)의 발음은 [되]로 끝의 자음 글자 x가 발음되지 않지만, deux가 amis[아미]와 만나면 deux amis[되자미]가 돼요.

vingt [벵] : 벵땅 Vingt ans
saint [쌩] : 세인트에티엔느 Saint-Etienne [쌩떼띠엔느]
prêt [프레] : 프레타포르테 Prêt-à-porter [프레따뽀르떼]

● **프랑스어 사전에서 발음 기호를 찾으면 액센트가 없어요!**

프랑스어는 액센트가 언제나 마지막에 있기 때문이에요. 액센트가 영어처럼 강하지 않으니까 마지막 모음을 야무지게 마무리하는 정도면 충분해요.

● **프랑스어 사전에서 [j], [ɥ], [w]를 찾아보세요.**

[j], [ɥ], [w]는 반半모음 혹은 반자음이라고 불러요. 각각 [i], [y], [u]와 같은 발음이지만 짧게 발음되고 앞이나 뒤에 오는 모음에 의지해요.

piano [pjano, 삐아노] 피아노
nuit [nɥi, 뉘] 밤
oui [wi, 위] 네

특히, [j]가 단어 끝에 올 때 조심하세요. Versailles[vɛRsaːj, 베르싸이으]처럼 '이으'로 읽어줘야 해요.

II 상표의 의미

1. 옴므 homme와 팜므 femme | 28
2. 라프레리 La Prairie와 로레알 L'Oréal에는 관사가 들어 있어요 | 30
3. 라끄베르 Lac vert는 초록 호수예요 | 32
4. 마몽드 Ma monde의 오류를 아세요? | 34
5. 엘르 Elle가 그녀랍니다 | 36
6. 드방세 Devancer는 동사예요 | 38
7. 상표에 등장하는 다양한 프랑스어 | 42

1 옴므 homme 와 팜므 femme

향수나 화장품에 써 있는 뿌르 옴므 pour homme나 뿌르 팜므 pour femme를 찾아보세요. 쉽게 눈에 띌 거예요. 뿌르는 '위하여'(=for)라는 뜻이에요. homme는 남자, femme는 여자예요. 그러니까 pour homme는 남성용, pour femme는 여성용이겠지요!

요즘에는 여러 의류와 화장품 브랜드에 옴므가 많이 보이지요? 빈 폴 옴므, 까르뜨 옴므, 타임 옴므, 랑콤 옴므, 비 오템 옴므 등등. 솔리드 옴므 Solide homme를 아세요? solide[쏠리드]는 '단단한'이라는 의미예요. 이 브랜드가 '단단한 남성'들을 부르네요.

| 문 | 화 | 산 | 책 | 향수의 종류는 크게 4가지로 나뉘어요.

퍼퓸 parfum[빠르펭]은 15~25%의 향료를 함유하고 있어 방향제품 중에서 가장 농도가 진한 향수예요. 그 지속 시간이 약 6~7시간 또는 그 이상이에요. 오데퍼퓸 eau de parfum[오 드 빠르펭]은 9~12%의 향료를 함유한 제품으로 강도가 조금 낮아 부담이 덜한 향수예요. 오드토와레트 eau de toilette[오 드 뚜알레프]는 5~7%의 향료를 알코올에 부향시켜서 오데코롱의 가벼운 느낌과 향수의 지속성이라는 2가지의 특성을 가지고 있어요. 지속 시간은 4~5시간 정도예요. 오데코롱 eau de cologne[오 드 꼴로뉴]는 3~7%의 향료를 함유하고 있는 상쾌한 향취가 특색인 제품이에요. 지속시간은 1~2시간 정도예요.

 **멋있게 배우는 프랑스어**

● 모든 명사는 남성과 여성으로 구별해서 써요!

프랑스어의 명사는 남성 아니면 여성이에요. 중성명사는 없어요(단, 앙팡enfant이나 베베bébé처럼 남성, 여성으로 다 쓰이는 경우가 종종 있어요).

▷ 자연성은 그대로 따라요.

남성	옴므homme : 남자 꼬끄coq : 수탉
여성	팜므femme : 여자 바슈vache : 암소

▷ 자연성을 갖지 않는 명사는 관습에 의해 정해져요.

남성	샤또château : 성城
여성	메종maison : 집

명사의 복수는 단수 뒤에 s를 붙여요. : 바캉스vacances [바깡쓰]

● 주변에 보이는 상표에서 명사를 골라 보았어요. 남성과 여성으로 나누어 볼까요?

남성	Copain[꼬뺑] : 남자친구 Esprit[에스프리] : 정신, 영혼 Espoir[에스뿌아르] : 희망 Chemisier[슈미지에] : 남방, 셔츠	여성	Copine[꼬삔느] : 여자친구 Chance[샹쓰] : 행운 Ecole[에꼴] : 학교 Elégance[엘레강쓰] : 우아

* 상표라서 첫 글자를 대문자로 표기했어요.

2 라프레리 La Prairie 와 로레알 L'Oréal 에는 관사가 들어 있어요

라프레리는 정관사 la와 명사 prairie가 합쳐진 상품명이에요. '초원' 이라는 의미의 prairie가 여성이어서 정관사의 여성형 la가 쓰인 거예요.
로레알 L'Oréal의 l'도 정관사예요. 이 명사가 모음으로 시작하기 때문에 정관사 끝에 오는 모음이 생략되고 l'가 된 거예요. mon ami의 mon 대신에 정관사를 붙여도 l'ami가 되겠지요.

| 문 | 화 | 산 | 책 | 프랑스 화장품업계의 선두 그룹을 아세요?

프랑스 코스메틱의 자존심을 지키고 있는 대표적인 두 그룹이 있는데 하나는 로레알 L'Oréal 그룹이고 다른 하나는 루이비통 모에헤네시 LVMH 그룹이에요. LVMH는 1987년 프랑스 최대 주류 업체인 모에헤네시와 패션 업체 루이비통이 합병을 통해 세계적인 럭셔리 기업으로 발전한 그룹이지요. 로레알 그룹에는 로레알 L'Oréal, 비오템 Biotherm, 헤레나 루빈스타인 Helena Rubinstein, 폴로 Polo, 메이블린 Maybelline이 있어요. LVMH 그룹에는 크리스찬디올 Christian Dior, 겔랑 Guerlain, 지방시 Givenchy, 메이크업 포에버 Makeup forever 등의 브랜드가 속해 있답니다.

멋있게 배우는 프랑스어

● 관사는 명사 앞에 놓이고 명사의 성과 수에 따라 변해요.

▷ 정관사의 경우 남성 명사 앞에는 le를, 여성 명사 앞에는 la을 붙이지요. 그런데 모음이나 무음 h 앞에서는 L'Oréal에서처럼 l'로 표기해요.
복수명사 앞에는 les copains처럼 les를 붙여요.

남성 단수	여성 단수	남,여 복수
le coq [르 꼬끼] : 수탉 l'homme [롬므] : 남자	la mode [라 모드] : 유행 l'étude [레뛰드] : 공부	les coqs [레 꼬끼], les hommes [레좀므] les modes [레 모드], les études [레제뛰드]

▷ 부정관사는 un, une, des를 써요.

남성 단수	여성 단수	남,여 복수
un coq [욍 꼬끼] un homme [외놈므]	une mode [윈 모드] une étude [위네뛰드]	des coqs [데 꼬끼], des hommes [데좀므] des modes [데 모드], des études [데제뛰드]

▷ 프랑스어에는 부분관사라는 것이 있어요. 셀 수 없는 명사 앞에 쓰여요. 셀 수 없으니까 복수가 없겠지요!

남성	du poison [뒤 뿌아종] : 독 de l'esprit [들레스프리] : 정신	여성	de la neige [들라 네쥬] : 눈 de l'eau [들로] : 물

● 프랑스어 관사에는 세 종류가 있어요.

	형태			쓰임
	남성	여성	남,여복수	
부정관사	un	une	des	부정관사는 셀 수 있는 명사 앞에서, 주로 정해지지 않은 어떤 것을 가리킬 때 쓰여요. 영어의 a와 그 쓰임이 비슷해요.
정관사	le (l')	la(l')	les	정관사는 셀 수 있는 명사와 셀 수 없는 명사에 다 쓰여요. 한정된 것이나 총체적인 것을 나타낼 때 씁니다. 영어의 the와 그 쓰임이 비슷해요.
부분관사	du (de l')	de la (de l')		부분관사는 수를 셀 수 없고 양을 나타내는 명사와 추상명사 앞에 쓰여요. '약간의' 라는 뜻이에요.

③ 라끄베르Lac vert는
초록 호수예요

'호수'라는 라끄lac는 남성 명사인데 관사가 안 보이네요. 상표라서 안 썼나봐요. 베르vert는 초록이라는 의미의 남성 형용사예요. 형용사도 관사처럼 명사의 성과 수에 일치해요. 마리끌레르Marie Claire를 기억하시죠? Marie가 여자이기 때문에 '밝은', '맑은'이라는 의미의 clair에 여성표시 e를 붙여 claire가 된 거예요.

▷ 남성 형용사와 여성 형용사가 비교되는 상표를 찾아볼까요?

| 남성 | 몽블랑 Mont blanc
보땅 Beau temps | 여성 | 까르뜨블랑슈 Carte blanche
벨르팜 Belle femme |

멋있게 배우는 프랑스어

● **명사의 의미를 풍부하게 해주는 형용사도 관사처럼 성, 수의 구별이 있답니다.
왜냐하면 명사를 꾸며주기 때문이지요.**

garçon[가르쏭]은 레스토랑에서는 나이에 관계없이 웨이터지만, 원래는 소년이에요. 그럼 어린 소년은 petit garçon[쁘띠 가르쏭]이겠지요? 관사까지 붙이면 un petit garçon[욍 쁘띠 가르쏭]이에요. 소녀 fille[피으]에 붙이면 une petite fille[윈 쁘띠뜨 피으]가 돼요.

▷ 형용사의 남성, 여성은 어떻게 구별할까요?

- 대부분의 경우, 남성 형용사에 e를 붙이면 여성 형용사가 돼요.
  petit [쁘띠] ▶ petite [쁘띠뜨]

- 남성 형용사가 e로 끝나면 남성과 여성이 똑같아요.
  tendre [땅드르] ▶ tendre [땅드르]

- 남성 형용사가 er로 끝나면 여성은 ère가 돼요.
  premier [프르미에] ▶ première [프르미에르]

- 남성 형용사가 n으로 끝나면 n을 하나 더 쓰고 e를 붙여요.
  bon [봉] ▶ bonne [본느]

- 그밖에 예외도 제법 있어요.
  blanc [블랑] ▶ blanche [블랑슈]
  beau [보] ▶ belle [벨]

▷ 형용사는 명사의 앞이나 뒤 아무 곳에나 붙이지 않아요.

- bon, beau, petit, cher, premier, tendre처럼 음절이 짧고 자주 사용하는 형용사는 명사 앞에 붙여요.
  Petit cochon [쁘띠 꼬숑] : 작은 돼지
  Tendre poison [땅드르 뿌아종] : 부드러운 독
  Premier jour [프르미에 주르] : 첫날

- blanc처럼 색깔, 형태, 맛, 국적을 나타내는 형용사는 명사 뒤에 붙여요.
  Lac vert [라끄 베르] : 푸른 호수
  Maison française [메종 프랑쎄즈] : 프랑스 집

4 마몽드 Ma monde의 숨겨진 본명은 몽몽드?

멋진 울림과 느낌을 가진 이름으로 브랜드를 각인시키고자, 관사를 빼는 일도 있지만 남성 명사에 여성 형용사를 붙이는 경우도 있습니다. ma monde, 참 예쁜 이름이지요. 이 예쁜 이름은 모나미 mon ami에서 보셨듯이 사실 '몽몽드 mon monde'가 되어야 맞습니다. ami처럼 monde도 남성 명사이니까요. 의미와 소리를 위해 어법을 포기한 경우이지요.

● 소유형용사를 표로 그려보았어요.

남성	여성	남/여 복수	
mon	ma(mon)	mes	나의
ton	ta(ton)	tes	너의
son	sa(son)	ses	그의/그녀의
notre	notre	nos	우리들의
votre	votre	vos	당신들의/당신의
leur	leur	leurs	그들의/그녀들의

• 존칭일 때는 ton, ta, tes가 아니라 votre, vos를 써요.

멋있게 배우는 프랑스어

● **명사 앞에 쓰이는 소유형용사도 남성, 여성의 구별이 확실하답니다!**

모든 사람들이 갖고 싶어하는 샤또 château(성: 城)는 남성이에요. '너의 성'은 ton château[똥 샤또]가 되겠지요. 마찬가지로 메종 maison(집)은 여성 명사니까 '너의 집'은 ta maison[따 메종]이에요.

● **만남과 대화**

: Bonjour!
[봉주르]

: Bonjour!
[봉주르]

: Quel est votre nom?
[껠레 보트르 농]

: Mon nom est Marie. Et vous?
[몽 농 에 마리. 에 부]

: Moi, Douna. Et c'est ma copine, Sophie.
[무아 두나. 에 쎄 마 꼬삔느, 쏘피]

: Enchantée.
[앙샹떼]

: Enchantée.
[앙샹떼]

두나: 안녕하세요?
마리: 안녕하세요?
두나: 당신 이름이 뭐예요?
마리: 내 이름은 마리예요.
　　　당신 이름은요?
두나: 나는 두나예요. 그리고
　　　얘는 내 여자친구, 소피예요.
소피: 반가워요.
마리: 반가워요.

| 새로운 낱말 | nom [농] 이름 copain [꼬뺑] 남자친구 copaine [꼬삔느] 여자친구

● **ma, ta, sa는 모음이나 무음 h로 시작하는 말 앞에서 mon, ton, son이 돼요.**

여자친구는 ami(남자친구) 뒤에 e를 붙여서 amie로 써요. 그런데 '나의 여자친구'는 amie가 모음으로 시작하기 때문에 ma amie가 아니라 mon amie라고 해요.

5 엘르 Elle 가 그녀랍니다

엘르 Elle[엘]는 영어의 she에 해당하는 단어예요. 그렇지만 프랑스어에서 모든 명사는 남성과 여성으로 구별되니까, 자연성을 갖지 않는 명사도 여성이면 elle이 되겠지요.

| 문 | 화 | 산 | 책 | 오트쿠튀르와 프레타포르테의 차이를 아세요?

고급 여성 의상인 오트쿠튀르haute couture[오뜨 꾸뛰르]는 부틱boutique[부띠끄]에서 살 수 있고, 기성복인 프레타포르테 prêt-à-porter[프레따뽀르떼]는 라파이에뜨La Fayette나 프렝땅Printemps같은 그랑 마가쟁grand magasin(백화점)에서 살 수 있어요.

멋있게 배우는 프랑스어

● 프랑스어에서 나, 너, 그, 그녀 등을 어떻게 표현할까요?

나	je [쥬]	우리들	nous [누]
너	tu [뛰]	당신(들)	vous [부]
그/그녀	il/elle [일/엘]	그들/그녀들	ils/elles [일/엘]

- il/elle은 '그것', ils/elles은 '그것들'이기도 해요. 모든 명사는 성이 있으니까요.
- 당신들(vous)은 단수로도 쓰이는데, 이때는 존칭이에요.

● 만남과 대화

: Qu'est-ce que c'est?
[께스끄 쎄]

: C'est un atelier. C'est l'atelier de Pierre.
[쎄뙤나뜰리에. 쎄 라뜰리에 드 삐에르]

: Son atelier est grand, n'est-ce pas?
[쏘나뜰리에 에 그랑 네스빠]

: Oui, et il est confortable aussi.
[위, 에 일레 꽁포르따블 오씨]

삐쌍: 이것이 뭐지?
준: 작업실이야. 삐에르의 작업실이지.
삐쌍: 그의 작업실이 크네, 그렇지 않니?
준: 그래. 그리고 작업실이 편안하기도 해.

| 새로운 낱말 | atelier [아뜰리에] 작업실 n'est-ce pas [네스빠] 그렇지 않나요? confortable [꽁포르따블] 편안한, 안락한

▷ Qu'est-ce que c'est?에서 처음에 나온 que는 사물을 묻는 의문사예요.
영어의 'what is it?'에 해당해요. 그런데 주어와 동사가 도치되지 않았지요? est-ce que가 있어서 그래요.

▷ 주어로 쓰이는 인칭대명사에 영어의 be동사에 해당하는 에트르être를 붙여볼까요?
프랑스어의 동사는 각 인칭에 따라 형태가 변해요.

je	suis [쥬 쒸]	nous	sommes [누 쏨므]
tu	es [뛰 에]	vous	êtes [부제뜨]
il/elle	est [일/엘레]	ils/elles	sont [일/엘 쏭]

- '그녀가 아름답다'라는 표현은 Elle est belle이겠죠!

6 드방세 Devancer는 동사예요

우리 주변에 보이는 프랑스어 중에는 동사들도 있어요. 드방세 Devancer[드방쎄](앞서다), 데빠쎄 Dépasser(앞지르다), 꼬망쎄 Commencer(시작하다) 레쎄 Laisser(내버려두다) 등등 꽤 많죠? 이 동사들의 공통점은 모두 -er로 끝난다는거예요. -er은 1군 동사 표시예요.

▷ 프랑스에서 모든 동사들은 주어에 따라 변화해요.
1군 동사를 활용해볼까요?

Marie commence la chanson. [마리 꼬망쓰 라 샹쏭]   마리가 노래를 시작해요.
Elle chante bien! [엘 샹뜨 비엥]   그녀는 노래를 잘 불러요.

|문|화|산|책| 파리의 로데오 거리로 가볼까요!

명품 브랜드가 몰려있는 샹젤리제 거리에는 샤를 주르당Charles Jourdan, 루이비통Louis Vuitton, 니나 리치Nina Ricci, 크리스찬 디올Christian Dior, 겔랑Guerlain, 듀퐁Dupont등과 같은 부틱들이 있고, 포부르 쎙또노레 주변에는 구치Gucci, 랑콤Lancôme, 랑방Lanvin, 에르메스Hermès, 샤넬Chanel, 입생로랑Yves Saint Laurant과 같은 상점들이 있어요. 오페라 극장 주변에는 여러분도 잘 아시는 까르띠에 Cartier 상점이 있지요.

▶ 샹젤리제 주변

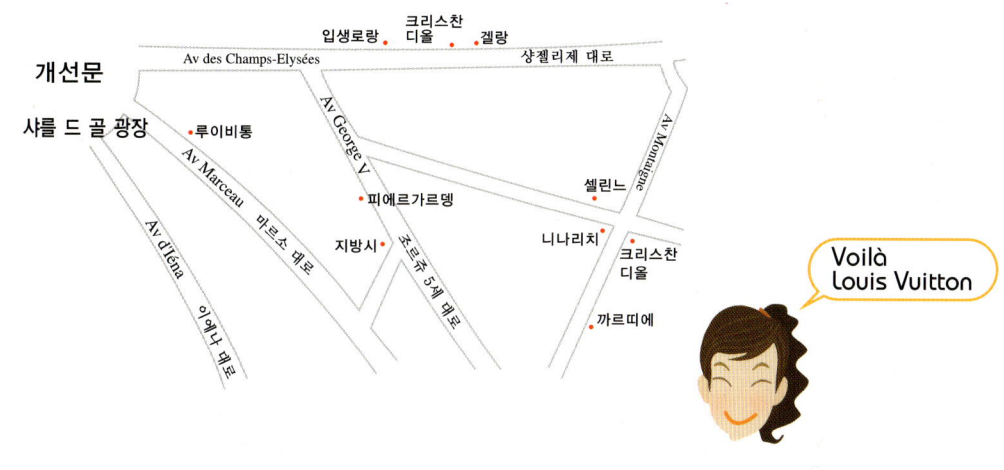

▶ 포부르 쎙또노레 주변

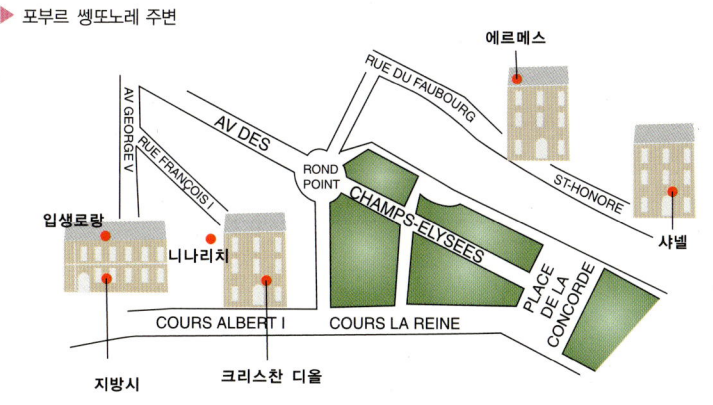

멋있게 배우는 프랑스어

● 만남과 대화

: Voilà Louis Vuitton. Ma copine adore Louis Vuitton.
[부알라 루이 뷔똥. 마 꼬뻰느 아도르 루이 뷔똥]

: Et toi, qu'est-ce que tu adores ?
[에 뚜아, 께스끄 뛰 아도르]

: Moi, j'adore Cartier. Et toi ?
[무아, 자도르 까르띠에. 에 뚜아]

: Moi aussi. Nous adorons la même marque.
[무아 오씨. 누자도롱 라 멤 마르끄]

벵쌍: 저기에 루이비통이 있네. 내 여자친구가 루이비통을 아주 좋아해.
준: 그런데 너는 무엇을 좋아하니?
벵쌍: 나는 까르띠에를 좋아해. 너는?
준: 나도. 우리는 같은 상표를 좋아하네.

| 새로운 낱말 | adorer [아도레] 매우 좋아하다　aussi [오씨] 역시, 또한　même [멤] 똑같은　marque [마르끄] 표시, 상표

● **moi는 je의 강세형이에요. 인칭대명사의 강세형을 살펴볼까요?**

je - moi	nous - nous
tu - toi	vous - vous
il - lui	ils - eux
elle - elle	elles - elles

▷ qu'est-ce que 기억나시죠!

qu'est-ce que tu adores?에서 que는 '무엇'이고, est-ce que가 있어서 tu adores가 도치되지 않았어요. 그럼 이제 도치시켜볼까요? Qu'adores-tu? 주의하세요! 주어가 대명사일 때는 도치시킬 때 가운데 연결표시(-)를 해줘야 해요.

▷ 자도르 J'adore는 향수 이름이기도 해요.

J'adore!(나는 너무너무 좋아해!)는 1군 동사 adorer[아도레]가 인칭에 따라 변화한 형태예요.

● 프랑스어 동사는 1군, 2군, 3군으로 나눕니다. 원형infinitif의 끝자리로 구별해요.

1군	2군	3군
-er	-ir	-ir, -oir, -re

▷ 레쎄 laisser는 -er이니까 1군이겠지요. laisser동사의 변화를 살펴볼까요?

je laisse [쥬 레쓰]	nous laissons [누 레쏭]
tu laisses [뛰 레쓰]	vous laissez [부 레쎄]
il/elle laisse [일/엘 레쓰]	ils/elles laissent [일/엘 레쓰]

▷ 2군 동사와 3군 동사까지 궁금하신 분은 참고하세요.

2군동사 choisir [슈아지르] 선택하다

je choisis [쥬 슈아지]	nous choisissons [누 슈아지쏭]
tu choisis [뛰 슈아지]	vous choisissez [부 슈아지쎄]
il/elle choisit [일/엘 슈아지]	ils/elles choisissent [일/엘 슈아지쓰]

2군 동사들은 규칙적으로 변화해요.

3군동사 prendre [프랑드르] 잡다

je prends [쥬 프랑]	nous prenons [누 프르농]
tu prends [뛰 프랑]	vous prenez [부 프르네]
il/elle prend [일/엘 프랑]	ils/elles prennent [일/엘 프렌느]

3군 동사들은 불규칙하게 변화해요.

7 상표에 등장하는 다양한 프랑스어

디망쉬Dimanche[디망슈]는 '일요일' 이에요. 프랑스 사람들은 요일을 꼽을 때 우리처럼 월요일부터 시작해요.

루이까또즈 Louis quatorze는 [루이 까또르즈]라고 발음해요. '르' 가 빠졌지요? Louis quatorze는 17세기 프랑스의 왕, 루이 14세예요.

▷ 숫자를 좀 더 알아볼까요?

1	2	3	4	5	6	7	8	9	10
un [욍]	deux [되]	trois [트루아]	quatre [까트르]	cinq [쌩끄]	six [씨쓰]	sept [쎄뜨]	huit [위뜨]	neuf [뇌프]	dix [디쓰]
11	12	13	14	15	16	17	18	19	20
onze [옹즈]	douze [두즈]	treize [트레즈]	quatorze [까또르즈]	quinze [껭즈]	seize [쎄즈]	dix-sept [디쎄뜨]	dix-huit [디쥐뜨]	dix-neuf [디즈뇌프]	vingt [벵]

멋있게 배우는 프랑스어

● 만남과 대화

: Quel jour est-ce aujourd'hui ?
[껠 주르 에쓰 오주르뒤]

: Aujourd'hui, c'est dimanche.
[오주르뒤, 쎄 디망슈]

: Tu es seule ?
[뛰 에 쐴]

: Non, je suis avec mon ami.
[농, 쥬 쒸 아베끄 모나미]

: Quel âge a ton ami ?
[껠라쥬 아 또나미]

: Il a vingt-sept ans.
[일라 벵뜨쎄땅]

준: 오늘 무슨 요일이니?
두나: 오늘 일요일이야.
준: 너 혼자 있니?
두나: 아니. 친구와 함께 있어.
준: 네 친구는 몇 살이니?
두나: 27살이야.

| 새로운 낱말 | aujourd'hui[오주르뒤] 오늘 seul(e)[쐴] 혼자 avec[아베끄] 함께 âge[아쥬] 나이 an[앙] 연, 살

▷ 의문사 quel은 형용사예요.

날짜와 나이를 물을 때, jour와 âge가 남성명사여서 의문형용사 남성형 quel이 쓰여요. 여성형은 quelle 이에요.

▷ 프랑스어로 나이를 표현할 때는 영어와는 달리 avoir(=have)동사를 써요.

J'	ai [줴]	nous	avons [누자봉]
tu	as [뛰 아]	vous	avez [부자베]
il/elle	a [일/엘라]	ils/elles	ont [일/엘종]

▷ 요일이 상표에 제법 쓰여요.

월요일	화요일	수요일	목요일	금요일	토요일	일요일
lundi	mardi	mercredi	jeudi	vendredi	samedi	dimanche
[룅디]	[마르디]	[메르크르디]	[죄디]	[방드르디]	[싸므디]	[디망슈]

Partie 2

상큼한 프랑스어의 매력,

맛

맛이 달콤한 의미가 되어
나와 너를 이어줍니다.

- Ⅰ 카페café와 레스토랑restaurant
- Ⅱ 포도주와 치즈
- Ⅲ 불랑쥬리boulangerie와 빠띠쓰리pâtisserie
- Ⅳ 까르푸Carrefour와 쒸뻬르마르쉐supermarché

# Ⅰ 카페café와 레스토랑restaurant

1. 카페오레café au lait와 카페누아르café noir중 어느 것을
   좋아하세요? | 48

2. 떼르 드 글라스Terre de Glace에서 들라 글라스de la glace를
   먹어볼까요? | 50

3. 쉐누Chez nous라는 카페에서 차를 마셔보신 적이 있나요? | 52

4. 로 미네랄l'eau minérale은 에비앙Evian으로 하실까요? | 54

5. 레스토랑restaurant에서 쁠라 뒤 주르plat du jour를
   주문해볼까요? | 56

6. 르 비프텍Le Bifteck에서 비프텍bifteck을 맛본 적이 있나요? | 58

1 카페오레café au lait와 카페누아르café noir중 어느 것을 좋아하세요?

café au lait[까페 올레]에서 lait는 우유예요. au는 à와 le가 축약된 형태예요. 그러니까 café au lait는 우유를 넣은 커피예요. café noir[까페 누아르]는 블랙커피예요.

쟈뎅Jardin[자르뎅]은 원두커피 전문점의 이름으로 '정원'이라는 의미예요. Jardin의 한국어 표기를 쟈뎅이라고 했는데 정확한 발음은 r음을 살려서 [자르뎅]이라고 해야겠지요?

| 문 | 화 | 산 | 책 | 프랑스의 까페 문화가 독특해요.

프랑스 사람들은 까페에 앉아 책을 읽거나 친구와 이야기하는 것이 일상생활의 일부예요. 특히, 노천 까페를 더 좋아해요. 까페에서는 차나 음료수를 마실뿐만 아니라 샌드위치나 샐러드, 오믈렛 등과 같은 가벼운 식사도 해요. 호텔보다 싼 가격에 먹을 수 있어요. 파리의 유명한 까페, 레 되 마고Les Deux Magots, 까페 드 플로르Café de Flore, 라 로똥드La Rotonde를 들어보았어요? 지식인들이나 예술가들이 그들의 사상을 토론하기 위해 이런 까페에 자주 모인답니다.

맛있게 배우는 프랑스어

● 만남과 대화

: Où êtes-vous?
[우 에뜨부]

: Je suis au Marché. Et vous?
[쥬 쒸 오 마르쉐. 에 부]

: Moi, je suis au Jardin.
[무아, 쥬 쒸 오 자르뎅]

: Bonne soirée!
[본 쑤아레]

: Merci, vous aussi.
[메르씨, 부조씨]

준: 어디에 있어요?
하나: 마르쉐에 있어요. 당신은요?
준: 나는 쟈르뎅에 있어요.
하나: 저녁 시간을 재미있게 보내세요.
준: 고마워요, 당신도요.

| 새로운 낱말 | où [우] 어디에   soirée [쑤아레] 저녁나절

마르쉐Marché는 훼밀리 레스토랑 이름으로 '시장' 이라는 뜻이에요. 이 레스토랑에서는 자기가 원하는 음식들을 마음대로 고를 수 있다는 의미인가 봐요.

● café au lait의 au는 무엇일까요?

정관사 le, la, l', les 가운데 le 와 les는 그 앞에 à가 오면 축약되어서 한 단어가 돼요.

à + le = au   à + les = aux

* à la , à l'는 그대로예요.

● à와 정관사가 함께 쓰인 상표를 찾아볼까요?

Au bon pain[오봉뺑] : 종로와 여의도에 있는 비스트로bistro예요. 비스트로는 수수한 레스토랑이랍니다. 각가지 빵과 스프를 맛보실 수 있어요. 이 상호에서 au 는 à 와 le가 축약된 형태로 '~에서' 라는 뜻이고, 봉bon은 '좋은', 뺑pain은 '빵' 이에요. 그러니까 '좋은 빵이 있는 곳' 이 되겠지요.

A la mode[알라모드] : 의류 브랜드 이름으로 '유행하는' 의 의미예요.

Coq au vin[꼬꼬뱅] : 프랑스 남부 지방의 대표적인 전통 요리예요. 포도주를 이용한 닭 요리랍니다.

2 떼르 드 글라스 Terre de Glace에서 들라 글라스 de la glace를 먹어볼까요?

떼르 드 글라스 Terre de Glace는 생과일을 사용하는 아이스크림 전문점이에요. 떼르 terre는 '땅'이라는 뜻이고, 드 de는 '~의'로 영어의 of와 같은 기능을 해요. 글라스 glace[글라쓰]는 '얼음, 아이스크림'이에요. 그러니까 '얼음 나라' 혹은 '아이스크림 나라'라는 뜻이 돼요.

|문|화|산|책| 프랑스 사람들은 어떤 데쎄르 dessert (후식)를 즐길까요?

따르뜨 tarte는 파이의 일종인데 그 위에 무엇을 넣느냐에 따라 다양한 종류가 있어요. 가또 gâteau (케이크)는 주부들이 직접 구어 내놓는 경우가 많아요. 프뤼 fruit (과일)는 특히 손님이 올 때, 여러 종류의 과일을 바구니에 먹음직스럽게 담아냅니다. 취향에 따라 골라 먹으라는 배려겠지요. 그리고 글라쓰 glace (아이스크림)도 후식으로 즐겨 먹어요.

맛있게 배우는 프랑스어

● 만남과 대화

: Ça va?
[싸 바]

: Oui, ça va bien.
[위, 싸 바 비엥]

: Où vas-tu?
[우 바뛰]

: Je vais à la Terre de Glace.
[쥬 베 알라 떼르 드 글라쓰]

: Tu manges de la glace?
[뛰 망쥬 들라 글라쓰]

: Oui, c'est délicieux.
[위, 쎄 델리씨외]

준: 잘 지내니?
두나: 그래, 잘 지내.
준: 너 어디 가니?
두나: 떼르 드 글라스에 가.
준: 아이스크림 먹을 거니?
두나: 응, 그게 아주 맛있어.

| 새로운 낱말 | ça [싸] 이것, 저것, 그것   délicieux [델리씨외] 맛있는

aller [알레] 가다, 안부인사 물을 때 '지내다'

je vais [쥬 베]	nous allons [누잘롱]
tu vas [뛰 바]	vous allez [부잘레]
il/elle va [일/엘 바]	ils/elles vont [일/엘 봉]

-er로 끝났지만 불규칙 동사예요!

manger [망줴] 먹다

je mange [쥬 망쥬]	nous mangeons [누 망종]
tu manges [뛰 망쥬]	vous mangez [부 망줴]
il/elle mange [일/엘 망쥬]	ils/elle mangent [일/엘 망쥬]

nous mangeons에 e가 더 붙었어요.
-ger로 끝난 동사는 nous에서 다 -eons를 써요.

*하나 더 알아둘까요?
-cer로 끝난 동사도 nous에서 c를 ç로 써요(nous commençons).

● **de la glace에 de la는 부분관사예요.**

de la glace에서 glace는 셀 수 없고 여성형이니까 de la를 붙여요. 남성 명사 pain 앞에서는 du를 쓰겠지요? '약간의 물'이라는 뜻으로, 관사를 붙이면 들로de l'eau가 돼요. 오eau처럼 모음이나 무음 h로 시작하는 명사 앞에서는 관사의 모음을 생략하기 때문이에요.

3 쉐누 Chez nous 라는 까페에서 차를 마셔본 적이 있나요?

쉐누 Chez nous는 광화문에 있던 커피 전문점이에요. chez는 '~의 집에' 라는 의미니까, chez nous는 '우리집에' 겠지요?

전치사가 들어 있는 프랑스어 상호를 살펴볼까요?

La vie en rose [라 비 앙 로즈] : 장밋빛 인생
L'arc-en-ciel [라르깡씨엘] : 무지개
Avec le temps [아베끄 르 땅] : 시간이 지나감에 따라
Vis-à-vis [비자비] : 마주 보고

| 문 | 화 | 산 | 책 | 라 시갈 몽마르트르 La cigale Montmartre 와 르생텍스 Le Saint-Ex 에 가보셨어요?

시갈cigale[씨갈]은 '매미' 이고, 몽마르트르Montmartre는 파리 북쪽에 위치한 화가촌이에요. 지금도 길거리 화가들이 많아서 관광객들이 즐겨 찾는 곳이지요. 생텍스Saint-Ex[쎙떽씨]는 『어린 왕자』를 쓴 프랑스 소설가 Saint-Exupéry를 줄여 쓴 거예요. 둘 다 이태원에 있어요. 라 시갈 몽마르트르에서는 프랑스식 해물탕 '부야베스' 뿐만 아니라 뜨겁게 녹인 버터와 레몬즙으로 가자미 자체의 맛을 살린 생선구이도 맛이 있어요. 파리 뒷골목을 끼고 있는 허름한 비스트로가 그리운 프랑스 사람들은 르생텍스를 자주 찾는답니다. 비스트로bistro는 술과 함께 간단한 식사도 할 수 있는 선술집같은 작은 식당이에요. 레스토랑 문 안쪽에 놓인 작은 칠판에는 매일 주방장이 시장에 나가 가장 값싸고 신선한 재료를 골라와서 만드는 쁠라 뒤 주르plat du jour(오늘의 메뉴)를 분필로 적어놓아요.

맛있게 배우는 프랑스어

● 전치사 뒤에 인칭대명사는 강세형을 써요!

chez는 전치사예요. chez nous에서 nous는 강세형이 쓰인 거예요. '나의 집'는 chez moi가 되겠지요? 다른 예를 들어 보죠. 아베크avec[아베끄]라고 들어보셨을 거예요. 우리말에서는 아베크 족族처럼 명사로 쓰이지만 원래는 전치사예요. avec와 함께 인칭대명사 강세형을 연습해볼까요?
Elle va au café avec lui, mais moi, je vais au restaurant avec toi.

● 만남과 대화

: Au café, vous buvez du café ou du thé ?
[오 까페, 부 뷔베 뒤 까페 우 뒤 떼]

: Moi, j'aime le café express.
[무아, 젬므 르 까페 엑쓰프레쓰]

: C'est vrai? Ce n'est pas fort ?
[쎄 브레. 쓰 네 빠 포르]

: Pour moi, ça va.
[뿌르 무아, 싸 바]

준: 커피숍에서 당신은 커피를 마십니까
　　아니면 차를 마십니까?
하나: 나는 엑스프레소 커피를 좋아해요.
준: 정말이에요? 진하지 않나요?
하나: 나한테는 괜찮아요.

| 새로운 낱말 | boire [부아르] 마시다

　　　je bois [쥬 부아]　　　nous buvons [누 뷔봉]
　　　tu bois [뛰 부아]　　　vous buvez [부 뷔베]
　　　il/elle boit [일/엘 부아]　ils/elles boivent [일/엘 부아브]

● ce n'est pas는 c'est의 부정형이에요.

부정형은 동사 앞에 ne, 뒤에 pas를 동시에 써요. ne는 다음에 모음 또는 무음의 h로 시작하는 말이 올 경우, e를 생략해서 n'가 돼요. ce, je, le, la, que 도 모음 또는 무음의 h로 시작하는 말이 올 경우 끝의 모음을 생략해요.

4 로 미네랄 l'eau minérale은 에비앙 Evian 으로 하실까요?

에비앙Evian, 비뗄Vittel, 볼빅Volvic은 프랑스 사람들이 즐겨 마시는 생수들이고, 뻬리에Perrier는 천연탄산수예요. 프랑스에서는 생수를 l'eau minérale[로 미네랄]이라고 해요. minéral은 '광물의'라는 형용사예요. 그러니까 생수가 아니라 '광천수' 겠지요.

| 문 | 화 | 산 | 책 | 프랑스의 다양한 물!

우리나라에도 수입되는 에비앙Evian은 알프스 산자락의 레만호가 내려다 보이는 온천 도시 에비앙에서 만년설이 녹아 내린 물을 상품화했대요. 그래서인지 우리 입맛에 별로 거슬리지 않는 Vittel이나 Volvic과는 물맛이 전혀 달라요. 프랑스에서는 우리나라의 초정리 탄산수 같은 로 가죄즈 l'eau gazeuse도 많이 마셔요. 뻬리에Perrier가 유명해요. 온천수 l'eau thermale[로 떼르말]를 이용한 프랑스 화장품을 우리나라 약국에서 팔고 있어요. 비쉬Vichy와 아벤느Avène를 써보셨어요? 비쉬는 프랑스 중부의 유명한 온천지이고, 아벤느는 프랑스 남부의 유명한 온천지랍니다.

맛있게 배우는 프랑스어

● 만남과 대화

: Avez-vous de l'eau minérale?
[아베부 들로 미네랄]

: Oui, nous avons de l'Evian et du Vittel.
[위, 누자봉 들레비앙 에 뒤 비뗄]

: Et de la Volvic? Je veux de la Volvic.
[에 들라 볼빅. 쥬 뵈 들라 볼빅]

: Nous avons de la Volvic aussi.
[누자봉 들라 볼빅 오씨]

Vous n'aimez pas le Perrier?
[부 네메 빠 르 뻬리에]

: Non, je n'aime pas l'eau gazeuse.
[농, 쥬 넴 빠 로 가죄즈]

뱅쌍: 생수 있나요?
여종업원: 네, 에비앙과 비텔이 있어요.
뱅쌍: 볼빅은요? 볼빅을 원하는데요.
여종업원: 볼빅도 있어요.
　　　빼리에는 좋아하지 않으세요?
뱅쌍: 네, 탄산수를 좋아하지 않거든요.

| 새로운 낱말 | vouloir [불루아르] 원하다

Je veux [쥬 뵈]	nous voulons [누 불롱]
tu veux [뛰 뵈]	vous voulez [부 불레]
il/elle veut [일/엘 뵈]	ils/elles veulent [일/엘 뵐르]

▷ eau가 여성이어서 minéral 뒤에 e가 붙었어요.
형용사가 명사의 성,수에 일치하는 것 기억하시죠? 로 미네랄 l'eau minérale(광천수)과 로 떼르말 l'eau thermale(온천수)의 e는 그래서 붙은 거예요. 탄산수, 로 가죄즈 l'eau gazeuse에서 gazeuse의 남성형은 가죄 gazeux예요. -eux로 끝난 형용사는 여성형에서 -euse가 돼요.

▷ 부분관사를 쓰는 명사도 전체를 표현할 때는 정관사를 써요. eau는 셀 수 없는 명사니까 부분관사를 붙여, de l'eau라고 해요. 그렇지만 aimer같이 선호를 표현하는 동사와 관련될 때 정관사를 써요. 두 관사를 구별해볼까요? Je bois du thé, j'aime bien le thé.

5 레스토랑restaurant에서 쁠라 뒤 주르plat du jour를 주문해볼까요?

프랑스어 메뉴를 한국어 메뉴로 바꾸어 볼까요?

La Petite Maison	
Plat du jour 20€	Menu à 30€
Moules frites	Hors-d'oeuvre salades
	*****
	Plat principal steak frites ou moules frites
	****
	Fromage ou Dessert mousse au chocolat

작은 집	
오늘의 요리 20€	정식 30€
홍합과 감자튀김	전채 샐러드
	*****
	주요리 스테이크와 감자튀김 혹은 홍합과 감자튀김
	****
	치즈 혹은 디저트 초콜릿무스

라 쁘띠뜨 메종La Petite Maison(작은 집)은 성신여대 앞에 있는 프랑스 레스토랑이랍니다. 위의 메뉴menu[므뉘]는 프랑스식으로 만들어 본 거예요. frites[프리뜨]가 여러 군데 보이지요? 프랑스 사람들이 즐겨 먹는 감자튀김이에요. 감자는 프랑스어로 pomme de terre[뽐므 드 떼르]라고 해요. frites(튀긴)는 원래 pommes de terre에 붙는 형용사인데, 흔히 명사를 생략하고 frites만 써요.

| 문 | 화 | 산 | 책 | 프랑스 레스토랑에서 '오늘의 요리'를 드셔보세요.

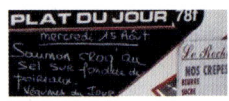

쁠라 뒤 주르plat du jour는 레스토랑에서 권하는 '오늘의 요리'예요. 질이 좋고 신선한 재료들을 가지고 만드는 그날의 계절 음식이랍니다. 보통 칠판에 '오늘의 요리'를 써서 레스토랑 문앞에 세워놓아요. 사진은 8월 15일 수요일 mercredi 15 Août 메뉴예요.

맛있게 배우는 프랑스어

● 만남과 대화

: Je mange toujours au restaurant.
[쥬 망쥬 뚜주르 오 레스또랑]

: Vous ne mangez pas chez vous?
[부 느 망줴 빠 쉐 부]

: Non, je n'aime pas faire la cuisine.
[농, 쥬 넴 빠 페르 라 퀴진느]

: Qu'est-ce que vous prenez au restaurant?
[께스끄 부 프르네 오 레스또랑]

: Je prends le plat du jour ou le menu.
[쥬 프랑 르 쁠라 뒤 주르 우 르 므뉘]

뱅쌍: 나는 항상 레스토랑에서 먹어요.
소피: 집에서는 먹지 않나요?
뱅쌍: 네, 요리하는 것을 싫어해서요.
소피: 레스토랑에서는 무엇을 드시나요?
뱅쌍: 오늘의 요리나 정식을 먹어요.

| 새로운 낱말 | toujours [뚜주르] 항상 menu [므뉘] 정식 cuisine [퀴진느] 부엌, 요리 faire la cuisine 요리하다
faire [페르] 하다, 만들다

je fais [쥬 페]	nous faisons [누 프종]
tu fais [뛰 페]	vous faites [부 페뜨]
il/elle fait [일/엘 페]	ils/elles font [일/엘 퐁]

*faisons은 [페종]이 아니라 [프종]으로 발음해요.

● **plat du jour의 du는 de와 le가 축약된 형태예요.**

à의 경우에도 그랬지요? 정관사 le와 les는 de 뒤에 올 때 축약되어 du, des가 돼요. de la, de l'는 그대로 쓰여요.

de + le = du   de + les = des

주의! 부분관사도 부분의 뜻을 가진 de와 정관사가 합쳐진 형태예요. 다음의 두 문장을 잘 비교해보세요.
– Quel est le plat **du** jour? 오늘의 요리는 무엇이에요?
– C'est **du** poisson. 생선이에요.

6 르 비프텍 Le Bifteck서
비프텍 bifteck을 맛본 적이 있나요?

르 비프텍 Le Bifteck[르 비프떽]은 청담동에 있던 스테이크 집이에요. bifteck은 스테이크예요. 프랑스 레스토랑에서는 고기를 주문할 때, 어느 정도로 익혀달라고 미리 말을 해요. '잘 익힌 것'이 좋으면 비엥 뀌bien cuit, '적당히 익힌 것'이 좋으면 뀌 아 뿌엥cuit à point, 살짝 구워서 '피가 흐르는' 정도가 좋으면 쎄냥saignant이라고 하세요.

| 문 | 화 | 산 | 책 | 코르동 블루Cordon Bleu[꼬르동 블뢰]를 아세요?

'푸른색 리본'이라는 코르동 블루는 원래 16세기 프랑스왕 앙리 3세의 성령기사단이 몸에 지녔던 훈장이었어요. 이들은 미식가여서 호화로운 만찬을 벌이곤 했답니다. 그래서 최고의 요리나 방법에도 코르동 블루라는 명칭을 붙이게 된 거예요. 이 유서 깊은 이름을 내건 요리학교 코르동 블루는 현재 50여 개국의 학생들을 교육시키고 있고, 세계 10여개국에 18개의 요리학교를 운영하고 있어요.

맛있게 배우는 프랑스어

● 만남과 대화

: La carte, s'il vous plaît!
[라 까르뜨, 실부쁠레]

: Voilà, madame.
[부알라, 마담]

Qu'est-ce que vous voulez ?
[께스끄 부 불레]

: Un bifteck avec des frites.
[윙 비프떽 아베끄 데 프리뜨]

: Bien! Vous voulez votre bifteck saignant ou à point ?
[비엥, 부 불레 보트르 비프떽 쎄냥 우 아 뿌엥]

: Bien cuit.
[비엥 뀌]

: Et vous ne voulez pas de café ?
[에 부 느 불레 빠 드 까페]

: Non merci.
[농 메르씨]

마리: 메뉴판 좀 갖다주세요!
남웨이터: 여기 있습니다. 무엇을 원하세요?
마리: 스테이크와 감자튀김요.
남웨이터: 알겠습니다. 스테이크는 살짝 구울까요 아니면 적당히 구울까요?
마리: 잘 익혀서 주세요.
남웨이터: 커피는 안 드시겠어요?
마리: 괜찮습니다.

| 새로운 낱말 |　carte [까르뜨] 카드, 메뉴판　s'il vous plait [씰부쁠레] 제발, 미안하지만

● 부정문에서 부정관사(un, une, des)나 부분관사(du, de la, de l')는 목적어 앞에서 de가 돼요.

Je veux du café, mais elle ne veut pas de café.
[쥬 뵈 뒤 까페, 메 엘 느 뵈 빠 드 까페]
나는 커피를 원하는데, 그녀는 커피를 원하지 않아요.

Elle prend des fruits, mais je ne prends pas de fruits.
[엘 프랑 데 프뤼, 메 쥬 느 프랑 빠 드 프뤼]
그녀는 과일을 먹는데, 나는 과일을 먹지 않아요.

Ⅱ 포도주와 치즈

1. 보졸레 누보 beaujolais nouveau를 아시죠? | 62
2. 보르도 bordeaux와 부르고뉴 bourgogne중 어느 것을 더 좋아하세요? | 64
3. 포도주 색깔과 요리와는 어떤 관계가 있을까요? | 66
4. 샴페인 champagne과 코냑 cognac을 아세요? | 68
5. 백화점 식품코너에서 프랑스 치즈를 찾아봅시다 | 70
6. 카망베르 camembert와 브리 brie를 맛보셨나요? | 72
7. 퐁듀 fondue를 맛보셨어요? | 76

1 보졸레 누보
beaujolais nouveau를 아시죠?

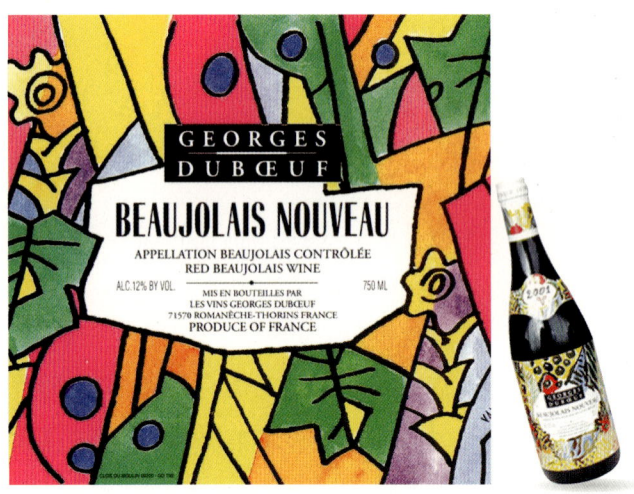

보졸레 누보 beaujolais nouveau에서 beaujolais는 부르고뉴 지방 Bourgogne 최남단에 있는 보졸레에서 생산되는 포도주예요. nouveau는 new의 의미예요. 보졸레 누보는 그해 갓 수확한 포도로 만들어 11월 첫째 수요일에 출하해요. 이날 전 세계가 동시에 이 포도주를 맛볼 수 있어요.

● 열두 달은 프랑스어로 어떻게 표기할까요?

1월	2월	3월	4월	5월	6월
janvier	février	mars	avril	mai	juin
[쟝비에]	[페브리에]	[마르스]	[아브릴]	[메]	[쥐엥]
7월	8월	9월	10월	11월	12월
juillet	août	septembre	octobre	novembre	décembre
[쥐이에]	[우]	[쎕땅브르]	[옥또브르]	[노방브르]	[데쌍브르]

맛있게 배우는 프랑스어

▷ beaujolais와 nouveau의 eau는 언제나 [오]로 발음돼요.
beaujolais의 ai는 [에], nouveau의 ou는 [우]예요. 한 번 발음해보세요.

● 만남과 대화

 : Aimez-vous le vin français?
[에메부 르 뱅 프랑쎄]

 : Oui, je l'aime beaucoup.
[위, 쥬 렘 보꾸]
Surtout, le beaujolais nouveau.
[쒸르뚜, 르 보졸레 누보]

 : Quand goûtez-vous
[깡 구떼부]
le beaujolais nouveau?
[르 보졸레 누보]

 : Nous le goûtons en novembre.
[누 르 구똥 앙 노방브르]

준: 프랑스 포도주를 좋아하세요?
하나: 네, 프랑스 포도주를 많이 좋아해요.
특히 보졸레 누보를 좋아하지요.
준: 언제 보졸레 누보를 맛보시나요?
하나: 11월에 맛보지요.

| 새로운 낱말 | quand [깡] 언제 français [프랑쎄] 프랑스의 goûter [구떼] 맛보다 surtout [쒸르뚜] 특히

● **je l'aime** 의 **l'**는 직접목적어예요.

나를	너를	그를/그녀를	우리들을	당신들을	그들을/그녀들을
me (m')	te (t')	le/la (l')	nous	vous	les
[므]	[뜨]	[르/라]	[누]	[부]	[레]

• me, te, le, la는 모음이나 무음 h 앞에서 모음 생략되어 m', t', l'가 돼요.
• vous는 단수일 때 존칭이에요.   • le, la는 '그것', les는 '그것들' 도 돼요.

▷ 목적어를 대명사로 쓸 때는 동사 바로 앞에 놓아요! '나는 너를 사랑해' 라는 Je t'aime[쥬 뗌]에서 확인할 수 있어요.

2 보르도 bordeaux 와 부르고뉴 bourgogne 중 어느 것을 더 좋아하세요?

세계에서 가장 맛 좋고 값비싼 포도주는 보르도 Bordeaux와 부르고뉴 Bourgogne 지방에서 생산돼요. 대문자로 시작하면 지방명이고 소문자로 쓰였으면 그 지방에서 생산하는 포도주예요.

| 문 | 화 | 산 | 책 | 포도주 라벨을 읽어볼까요?

샤또 château는 '성城'이라는 뜻으로 생산지를 말합니다. 우리나라에서는 Bordeaux산 포도주 중에 쎙떼밀리옹 Saint Emillion과 메독 Médoc이 많이 알려져 있지요? 그러나 샤또 마르고 château Margaux가 세계에서 가장 훌륭한 적포도주랍니다.

맛있게 배우는 프랑스어

● **bourgogne**에서 gn은 [ɲ : 뉴]로 발음해요.

[느] 보다 혀를 입천장에 많이 붙여서 소리를 내보세요. 샹파뉴champagne, 꼬냑cognac에서도 gn이 보이지요? 모두 [뉴]예요.

● 만남과 대화

: Qu'est-ce que vous aimez, le bordeaux ou le bourgogne?
[께스끄 부제메, 르 보르도 우 르 부르고뉴]

: J'aime le bordeaux. Et vous?
[젬 르 보르도, 에 부]

: Moi, j'aime mieux le bourgogne.
[무아, 젬 미외 르 부르고뉴]

: Qu'est-ce qui est plus connu en Corée?
[께스끼 에 쁠뤼 꼬뉘 앙 꼬레]

: Le bordeaux est plus connu que le bourgogne.
[르 보르도 에 쁠뤼 꼬뉘 끄 르 부르고뉴]

준: 당신은 무엇을 좋아하세요, 보르도 아니면 부르고뉴?
소피: 보르도를 좋아해요. 당신은요?
준: 나는 부르고뉴를 더 좋아해요.
소피: 한국에서는 뭐가 더 알려졌어요?
준: 보르도가 부르고뉴 보다 더 알려졌어요.

| 새로운 낱말 | connu [꼬뉘] 알려진, 유명한   en Corée [앙 꼬레] 한국에서   qu'est-ce qui [께스끼] 무엇이

● **plus connu que**는 **connu**의 비교급이에요.

plus + 형용사 / 부사 (que) : ~(보다) 더
moins + 형용사 / 부사 (que) : ~(보다) 덜
aussi + 형용사 / 부사 (que) : ~만큼

▷ bien의 비교급(~보다 잘)은 mieux예요.
moins bien과 aussi bien은 그대로 써요.

Ⅱ. 포도주와 치즈 | 65

③ 포도주 색깔과 요리와는 어떤 관계가 있을까요?

적포도주 vin rouge[뱅 루쥬]는 육류와 어울리고, 백포도주 vin blanc[뱅 블랑]는 어패류와 어울려요. 그밖에도 로제 rosé라고 불리우는 분홍빛 포도주가 있답니다. 이 포도주는 적포도주보다 좀 부드러워요.

로즈 rose는 '장미' 혹은 '장밋빛의'라는 의미예요. 그런데 여기에서 장밋빛은 붉은 색이 아니라 분홍색이에요. 로제 rosé는 '분홍빛이 감도는'이라는 의미인데, 뱅 로제 vin rosé를 생략해서 그냥 로제라고도 써요.

| 문 | 화 | 산 | 책 | 와인 냉장고를 보셨나요?

예전에는 포도주를 지하 저장고 cave[까브]에 보관·숙성시켰어요. 그런데 요즈음 가정에서는 와인 냉장고 cave à vin[까브 아 뱅]에 보관하는 경향이 있어요.

맛있게 배우는 프랑스어

● 만남과 대화

: Qu'est-ce que vous voulez comme boisson?
[께스끄 부 불레 꼼 부아쏭]

: Je veux une bouteille de bordeaux.
[쥬 뵈 윈 부떼이으 드 보르도]

: Moi, je ne veux pas de vin. Simplement une carafe d'eau.
[무아, 쥬 느 뵈 빠 드 벵. 쎙쁠르망 윈 까라프 도]

: Vous ne buvez pas?
[부 느 뷔베 빠]

: Si, mais je ne bois pas le soir.
[씨, 메 쥬 느 부아 빠 르 쑤아르]

웨이터: 음료수로 무엇을 드시겠어요?
소피: 보르도 한 병 주세요.
뱅쌍: 나는 포도주 말고, 물 한 병만 주세요.
소피: 술을 못 마시나요?
뱅쌍: 아니오, 나는 저녁에는 술을 마시지 않아요.

| 새로운 낱말 | comme [꼼] ~로써 boisson [부아쏭] 음료수 bouteille [부떼이으] 병 simplement [쎙쁠르망] 단지, 오직 carafe [까라프] 물병 ne...que [느...끄] 단지...뿐이다

▷ '포도주 한 병'을 의미하는 une bouteille de vin에서 bouteille는 판매하는 (포도주)병이에요. une carafe d'eau에서 carafe는 식수를 담아 쓰는 병이에요. 그러니까 이 경우는 돈을 내지 않고 마실 수 있는 물을 말하는 거죠. 대신 광천수 l'eau minérale[로 미네랄]는 돈을 내고 마셔야 해요.

▷ Si는 부정 질문에 대한 긍정 대답이에요.

Vous n'êtes pas Coréen? 당신은 한국 사람이 아니지요?
[부 네뜨 빠 꼬레엥]

Si, je suis Coréen. 아니요. 나는 한국 사람이에요.
[씨, 쥬 쒸 꼬레엥]

4 샴페인champagne과 코냑cognac을 아세요?

샴페인champagne[샹빠뉴]은 프랑스 북동부의 샹빠뉴 지방에서 생산되는 거품이 이는 백포도주예요. 축하 행사 때마다 등장하지요.

코냑cognac[꼬냑]은 프랑스 남서부의 꼬냑 지방에서 생산되는 고급 브랜디예요.

| 문 | 화 | 산 | 책 | 샴페인과 꼬냑은 백포도주로 만들어요.

샴페인은 백포도주에 당분을 첨가하여 다시 한 번 숙성시킨 것이에요. 이 과정을 거치게 되면 탄산가스를 포함한 당도 높은 샴페인이 돼요. 꼬냑은 백포도주를 증류, 정제한 브랜디로 디줴스띠프digestif로 마시는 술이에요. 디줴스띠프란 음식의 소화를 위해 식후에 마시는 술을 말해요. 식욕을 돋우기 위해 식전에 마시는 술은 아뻬리띠프apéritif라고 해요.

맛있게 배우는 프랑스어

● 술을 마실 때 '축배', '건배'에 해당하는 프랑스어를 살펴볼까요?

A votre santé! [아 보트르 썽떼] '당신의 건강을 위하여'라는 의미예요.
Tchin-Tchin! [친친] 술잔을 부딪칠 때 나는 소리에서 따 왔어요.
Toast! [또스뜨] 토스트 빵을 의미하는 영어에서 온 말이에요.

● 만남과 대화

 : Allô!
[알로]

 : Vincent? C'est Marie.
[벵쌍. 쎄 마리]

 : Ah! Salut!
[아. 쌀뤼]

 : Aujourd'hui, c'est mon anniversaire.
[오주르뒤, 쎄 모나니베르쎄르]

Je t'invite chez moi.
[쥬 뗑비뜨 쉐 무아]

 : Merci. Je vais apporter une bouteille
[메르씨. 쥬 베자뽀르떼 윈 부떼이으]

de champagne.
[드 샹빠뉴]

 : Merci, c'est gentil. A tout à l'heure.
[메르씨, 쎄 졍띠. 아 뚜딸뢰르]

벵쌍: 여보세요!
마리: 벵쌍? 마리야.
벵쌍: 아! 안녕!
마리: 오늘 내 생일이야.
　　　우리 집에 너를 초대하려고.
벵쌍: 고마워. 샴페인 한 병 가져갈께.
마리: 정말 고마워. 이따 보자.

| 새로운 낱말 | allô [알로] 여보세요 anniversaire [아니베르쎄르] 생일 inviter [엥비떼] 초대하다
apporter [아뽀르떼] 가져오다 gentil [졍띠] 친절한

● 금방 일어날 일을 표현할 때 근접 미래를 써요.

근접 미래는 aller 뒤에 동사의 원형을 쓰면 돼요.

je vais apporter	nous allons apporter
tu vas apporter	vous allez apporter
il/elle va apporter	ils/elles vont apporter

5 백화점 식품코너에서 프랑스 치즈를 찾아봅시다

사진에 보이는 프랑스어 발음 표기가 정확하지 않죠? 까망베르 camembert를 카만벨 치즈라고 했네요. 브리brie는 정확하게 표기되었지요? 푸른곰팡이가 들어간 치즈를 프로마지 블루라고 했는데, 정확한 표기는 프로마쥬 블뢰fromage bleu예요.

| 문 | 화 | 산 | 책 | 프랑스의 대표적인 치즈를 아세요?

치즈는 젖소뿐만 아니라 양, 염소의 젖을 가지고 만드는데, 프랑스에는 수백 종류의 치즈가 있어요. 그중에서 까망베르 camembert와 브리brie가 가장 대중적이에요. camembert는 2차 세계대전 때 상륙작전으로 유명한 노르망디 지방의 작은 마을 이름을 딴 거예요. 푸른곰팡이가 들어간 치즈를 블뢰bleu라고 부르는데, 냄새가 아주 강해서 익숙하지 않으면 먹지 못할지도 몰라요. bleu 치즈 중 가장 유명한 것이 로끄포르roquefort랍니다.

맛있게 배우는 프랑스어

● 만남과 대화

: Qu'est-ce que tu vas faire cet après-midi ?
[께스끄 뛰 바 페르 세따프레미디]

: Je vais faire des courses à l'hypermarché.
[쥬 베 페르 데 꾸르쓰 아 리뻬르마르쉐]

: Qu'est-ce que tu vas acheter ?
[께스끄 뛰 바 아슈떼]

: Je vais acheter du camembert, du brie et du bleu.
[쥬 베 아슈떼 뒤 까망베르, 뒤 브리 에 뒤 블뢰]

: Je t'accompagne ?
[쥬 따꽁빠뉴]

: Mais, je t'en prie.
[메, 쥬 땅 프리]

준: 오늘 오후에 너 뭐할 거니?
두나: 대형 유통마켓에서 장을 볼거야.
준: 무엇을 살 건데?
두나: 까망베르, 브리, 블루를 살거야.
준: 같이 가줄까?
두나: 물론이지.

| 새로운 낱말 | faire des courses [페르 데 꾸르쓰] 장을 보다 hypermarché [이뻬르마르쉐] 대형 유통마켓 accompagner [아꽁빠녜] 동반하다 je t'en prie [쥬 땅 프리] 물론이지

▷ bleu는 '푸른', '푸른색'이라는 뜻인데, 치즈의 경우에는 '푸른곰팡이가 핀 치즈'를 말해요.

● c'est mon ami의 ce는 주어예요. ce vin의 ce는 '이', '그', '저'의 뜻으로 다음에 오는 명사의 성, 수에 따라 형태가 변해요.

남성단수	여성단수	남/여 복수
ce / cet	cette	ces

▷ cet은 cet homme처럼 모음이나 무음 h로 시작하는 남성 단수 명사 앞에 쓰여요. ce가 matin(아침), après-midi(오후), soir(저녁) 앞에 오면 '오늘'이라는 뜻이에요. semaine(주), mois(달), année(해) 앞에 오면, 이번 주일, 이달, 올해가 되겠지요?

Ⅱ. 포도주와 치즈 | 71

⑥ 카망베르camembert와 브리brie를 맛보셨나요?

카망베르camembert[까망베르]는 하얗고 부드러운 껍질을 자르면 노르스름한 속살이 드러나요. 프랑스 치즈 특유의 강한 냄새가 없고, 버섯향이 나는 고소한 맛이에요.

브리brie는 까망베르보다 더 부드러운 대신 맛과 향은 옅은 편이에요. 프랑스혁명 당시 노르망디 까망베르로 피신 온 브리 지방의 사제가 제조법을 전수했다고도 해요. 그만큼 맛, 향, 심지어 모양까지 까망베르와 비슷해요.

● **스위스와 이태리에도 유명한 치즈가 있어요.**

스위스 독일어권 지역의 에멘탈은 단단한 치즈예요. 부드러운 감칠맛의 톡 쏘는 듯한 기분이 나요. 체리, 호두향이 나고 색깔은 아이보리거나 옅은 노란색이에요. 이태리의 대표적인 치즈는 파르미지아노Parmigiano예요. 흔히 영어식 발음인 파머산Parmesan이라고 부르죠. 이태리 파르마시에서 그 이름이 유래됐어요. 전 세계적으로 가장 즐겨 먹는 치즈 중 하나랍니다. 맛과 향이 모두 자극적이고 짠맛, 호두향이 강해요.

|문|화|산|책| 치즈 본래의 맛은 포도주와 같이 먹어야 비로소 발휘되어요.

정식에서 치즈가 나올 때에도 포도주는 주요리에 따라 선택하는 게 좋아요. 그렇지만 치즈를 중심으로 식사할 때는 치즈의 종류에 따라 고르세요. 까망베르camembert와 브리brie는 적포도주, 염소젖이나 양젖으로 만든 치즈는 백포도주, 로끄포르roquefort같은 블뢰bleu 치즈는 적포도주나 단맛이 나는 포도주와 마셔보세요.

맛있게 배우는 프랑스어

● 만남과 대화

: Connaissez-vous le fromage français ?
[꼬네쎄 부 르 프로마쥬 프랑쎄]

: Je connais le camembert et le brie.
[쥬 꼬네 르 까망베르 에 르 브리]

: Qu'est-ce qui est meilleur ?
[께스끼 에 메이외르]

: Ça dépend des personnes.
[싸 데빵 데 뻬르쏜느]
Ma mère aime le brie, c'est son fromage préféré.
[마 메르 엠므 르 브리, 쎄 쏭 프로마쥬 프레페레]

: Et vous ?
[에 부]

: Pour moi, le camembert est meilleur que le brie.
[뿌르 무아, 르 까망베르 에 메이외르 끄 르 브리]

: Alors, j'achète le camembert. J'ai le vin rouge.
[알로르, 자쉐뜨 르 까망베르. 줴 르 벵 루쥬]

: Il va bien avec le camembert.
[일 바 비엥 아베끄 르 까망베르]

준: 프랑스 치즈에 대해 아세요?
하나: 까망베르와 브리를 알아요.
준: 어떤 것이 더 좋아요?
하나: 사람 나름이에요. 나의 어머니는 브리를 좋아해요. 브리는 그녀가 선호하는 치즈예요.
준: 당신은요?
하나: 나한테는 까망베르가 브리보다 더 좋아요.
준: 그러면, 까망베르를 사야겠어요. 적포도주가 있거든요.
하나: 그것(=적포도주)이 까망베르와 잘 어울려요.

| 새로운 낱말 | ça dépend de~ [싸 데방 드] ~나름이다, ~에 달려 있다 personne [뻬르쏜느] 사람 préféré(e) [프레페레] 좋아하는, 선호하는 alors [알로르] 그러면, 그래서 aller avec [알레 아베끄] ~와 어울리다

connaître [꼬네트르] 알다

je connais [쥬 꼬네]	nous connaissons [누 꼬네쏭]
tu connais [뛰 꼬네]	vous connaissez [부 꼬네쎄]
il/elle connaît [일/엘 꼬네]	ils/elles connaissent [일/엘 꼬네쓰]

dépendre [데빵드르] ~에 달려 있다

je dépends [쥬 데빵]	nous dépendons [누 데빵동]
tu dépends [뛰 데빵]	vous dépendez [부 데빵데]
il/elle dépend [일/엘 데빵]	ils/elles dépendent [일/엘 데빵드]

acheter [아슈떼] 사다

j'achète [자쉐뜨]	nous achetons [누자슈똥]
tu achètes [뛰 아쉐뜨]	vous achetez [부자슈떼]
il/elle achète [일/엘 아쉐뜨]	ils/elles achètent [일/엘자쉐뜨]

-e+자음+er로 끝나는 동사는 je, tu, il, ils에서 e가 è로 바뀌어요.

● **qu'est ce qui는 '무엇이'라는 의미예요.**

que는 사물을 물을 때 쓰는데, 여기에 est-ce qui를 붙여주면 주어가 돼요. Qu'est-ce qui est bon?은 '무엇이 좋아요?' 겠지요.

▷ '더 좋은'이라고 표현할 때 plus bon이라고 하지 않고 meilleur(e)라고 해요. moins bon과 aussi bon은 그대로 써요.

▷ son fromage는 '그녀의 치즈'도 되고 '그의 치즈'도 돼요.
소유형용사 son은 다음에 오는 명사가 남성이어서 쓰인 거예요. 소유형용사는 소유자 자신의 성을 나타내지 않아요. 예를 하나 더 들어볼까요? '그의 어머니'는 son mère가 아니라 sa mère예요.

7 퐁듀 fondue를 맛보셨어요?

◀ 치즈 광고에서 퐁듀치즈라는 표현을 보신 적이 있나요? 퐁듀fondue[퐁뒤]는 치즈와 포도주를 섞어 불에 녹인 다음 빵 조각을 적셔 먹는 요리예요. fondue는 fondre[퐁드르](녹이다)에서 온 말이에요. fondue는 명사예요.

▼ 퐁뒤 부르기뇬fondue bourguignonne은 포도주로 유명한 프랑스 중부의 부르고뉴 지방에서 먹는 요리예요. 생고기를 끓는 기름에 튀겨 소스를 찍어 먹는 답니다. bourguignon은 Bourgogne의 형용사예요. -on으로 끝난 형용사의 여성형은 -onne가 돼요.

| 문 | 화 | 산 | 책 | 퐁뒤 만드는 법

퐁뒤는 크게 스위스 지방에서 유래한 치즈 퐁뒤fondue au fromage[퐁뒤 오 프로마쥬]와 프랑스의 부르고뉴 지방에서 유래한 퐁뒤 부르기뇬으로 나뉘어요. 간단하게 치즈 퐁뒤를 만들어 볼까요? 백포도주를 냄비에 붓고 거품이 날 때까지 서서히 데워준 후 잘게 간 그뤼예르gruyère치즈를 천천히 넣으면서 녹을 때까지 저어줘요. 어느 정도 녹으면 바게트 조각을 적셔 먹어요. 퐁뒤 부르기뇬은 우선 버터와 식용유를 냄비에 반씩 붓고 발화점까지 데워주세요. 그다음 한입에 먹을 수 있는 크기로 자른 쇠고기 조각을 긴 꼬챙이에 찍으세요. 이것을 냄비에 넣고 1~2분 정도 익힌 후 소스에 찍어 드세요.

맛있게 배우는 프랑스어

● 만남과 대화

: Je peux prendre un plat français?
[쥬 쁴 프랑드르 욍 쁠라 프랑쎄]

: Oui, bien sûr. Je vous montre la carte.
[위, 비엥 쒸르. 쥬 부 몽트르 라 까르뜨]

: Je voudrais de la fondue.
[쥬 부드레 들라 퐁뒤]

: Quelle fondue, fondue au fromage
[껠 퐁뒤, 퐁뒤 오 프로마쥬]
ou fondue bourguignonne?
[우 퐁뒤 부르기뇬]

: Fondue au fromage.
[퐁뒤 오 프로마쥬]

: Bien, monsieur.
[비엥, 므씨외]

벵쌍: 프랑스 요리를 먹을 수 있을까요?
여종업원: 네, 물론이죠. 메뉴판을 보여드리지요.
벵쌍: 퐁뒤로 하겠어요.
여종업원: 치즈 퐁뒤 혹은 퐁뒤 부르기논 중 어떤 퐁뒤로 하시겠어요?
벵쌍: 치즈 퐁뒤로 하겠어요.
여종업원: 알겠습니다.

| 새로운 낱말 | plat [쁠라] 요리, 접시   bien sûr [비엥 쒸르] 물론   voudrais [부드레] vouloir의 조건법 현재(예의를 갖출 때 씀)
pouvoir [뿌부아르] 할 수 있다

je peux [쥬 쁴]	nous pouvons [누 뿌봉]
tu peux [뛰 쁴]	vous pouvez [부 뿌베]
il/elle peut [일/엘 쁴]	ils/elles peuvent [일/엘 쁴브]

● je vous montre의 vous는 간접목적어예요.

나에게	너에게	그에게/그녀에게	우리들에게	당신(들)에게	그들에게/그녀들에게
me (m')	te (t')	lui	nous	vous	leur

간접목적어는 직접목적어처럼 대명사일 때 동사 앞에 써주세요.

Ⅲ 불랑쥬리boulangerie와 빠띠쓰리pâtisserie

1. 바게트baguette와 크라상croissant 중 어느 것을 좋아하세요? | 80
2. 서울의 포숑Fauchon과 빠리의 포숑에서는 무엇을 팔까요? | 84
3. 뚜레쥬르Tous Les Jours에서는 '매일' 오라고 합니다 | 88

1 바게트 baguette와 크라상 croissant 중 어느 것을 좋아하세요?

프랑스의 대표적인 빵은 바게트 baguette[바게뜨]예요. 바게트는 원래 '막대기'라는 뜻을 가지고 있어요. 모양이 막대기 같아서 baguette라고 부르죠. 복수 baguettes로 쓰일 때는 '젓가락'을 의미해요.

크라상 croissant[크루아쌍]은 '초승달'이라는 의미예요. 빵 모양이 초승달 같아서 붙인 이름이죠.

우리가 먹는 식빵은 pain de mie[뺑 드 미]라고 하고, 프랑스 사람들이 즐겨 먹는 빵으로 brioche[브리오슈]라는 것이 있어요. 둥글게 부푼 모양에 작고 둥근 꼭지가 달렸어요. 손으로 뜯어 먹으면 더 맛있어요.

- **baguette의 u는 발음하지 않아요.**

g 다음에 e, i가 오면 [ㅈ]로 발음 하는 것 기억 하시죠? 그러니까 u가 없으면 [바줴트]로 읽히겠죠? gue에서 u는 발음되지 않고 [ㅈ]발음을 [ㄱ] 발음으로 바꿔주는 역할만 해요. guitare[기타르](기타)에서 u도 마찬가지예요.

- **Paris Croissant으로 발음 규칙을 복습해 볼까요?**

[ㅃ], [ㄲ], [ㄸ] 다음에 [R]가 오면 [ㅍ], [ㅋ], [ㅌ]가 되는 규칙을 기억하시죠? 그래서 cr은 [크르]예요. oi는 [우아], an은 [앙]이에요. 마지막 자음은 발음하지 않아요. 그러니까 '크라상'이 아니라 [크루아쌍]이겠지요.

| 문 | 화 | 산 | 책 | 왜 줄을 서 있을까요?

프랑스에 가보면 조그만 동네 빵집에 아침마다 사람들이 길게 늘어서 있는 모습을 볼 수 있어요. 갓 구워낸 바게뜨 빵을 사기 위해서죠. 바게뜨 빵은 오래 놔두면 딱딱해져서 빨리 먹을수록 맛있답니다. 긴 빵이 다 필요 없는 사람은 어떻게 할까요? 빵집에서는 그런 사람을 위해 친절하게 반 토막도 판답니다. 그것을 드미 바게뜨 demi-baguette라고 해요.

Ⅲ. 불랑쥬리 boulangerie와 빠띠쓰리 pâtisserie

맛있게 배우는 프랑스어

● 만남과 대화

: Bonjour, madame! Vous désirez?
[봉주르, 마담. 부 데지레]

: Une demi-baguette et trois croissants, s'il vous plaît.
[윈 드미 바게뜨 에 트루아 크루아쌍, 씰부쁠레]

: Vous parlez bien français. Vous êtes Chinoise?
[부 빠를레 비엥 프랑쎄. 부제뜨 쉬누아즈]

: Non, je ne suis pas Chinoise. Je suis Coréenne.
[농, 쥬 느 쒸 빠 쉬누아즈. 쥬 쒸 꼬레엔느]

: Chez vous, vous mangez du riz avec des baguettes?
[쉐 부, 부 망줴 뒤 리 아베끄 데 바게뜨]

: Oui, nous mangeons du riz avec des baguettes.
[위, 누 망종 뒤 리 아베끄 데 바게뜨]
Mais vous, les Français, vous mangez des baguettes
[메 부, 레 프랑쎄, 부 망줴 데 바게뜨]
avec les doigts, n'est-ce pas?
[아베끄 레 두아, 네스빠]

빵집주인: 안녕하세요. 무엇을 원하세요?
두나: 바게뜨 반 개와 크루아쌍 3개 주세요.
빵집주인: 프랑스어를 참 잘하시네요. 중국 사람이세요?
두나: 아니요. 중국 사람이 아니고 한국 사람이에요.
빵집주인: 당신 나라에서는 젓가락을 가지고 밥을 먹지요?
두나: 네, 우리는 젓가락을 가지고 밥을 먹어요.
그런데 당신들, 프랑스 사람들은 손가락으로 바게뜨를 먹지요. 그렇지 않나요?

82 | 거리에서 배우는 프랑스어

| 새로운 낱말 | désirer [데지레] 원하다 demi-baguette [드미 바게뜨] 바게트빵 반 토막 riz [리] 밥,쌀
chinois [쉬누아] 중국의, (C~)중국 사람 doigt [두아] 손가락 parler [빠를레] 말하다

● 나라 이름의 형용사는 대문자로 쓰면 국적이 되고, le를 붙이면 그 나라의 언어가 돼요.

나라 이름	~나라의	국적	언어
la France	français(e)	Français(e)	le français
la Corée	coréen(ne)	Coréen(ne)	le coréen

▷ e로 끝난 나라는 여성이에요. Japon(일본)처럼 e로 끝나지 않는 나라는 보통 남성이에요. 미국 Etats-Unis은 복수예요.
la Chine / le Japon / les Etats-Unis

▷ '~에서' 라는 장소 표현을 할 때, 여성인 나라 앞에서는 관사 없이 en을 쓰고, 그 외의 남성인 나라 앞에서는 à를 써요. 따라서 '일본에서' 라고 표현하고 싶으면, au Japon이라고 해야겠지요. 여기서 au는 전치사 à 와 정관사 le가 축약이 된 거예요. '미국에서' 는 aux Etats-Unis가 돼요.

▷ 어느 나라 말을 한다고 표현할 때는 관사를 쓰지 않아요. '한국에서는 한국어를 써요' 라고 표현해볼까요?
En Corée, on parle coréen.
[앙 꼬레, 옹 빠를르 꼬레엥]

▷ s, x로 끝난 명사나 형용사는 남성 복수에서 s를 더 붙이지 않아요.
un Français ⇒ des Français
un ami français ⇒ des amis français

▷ n'est-ce pas?는 영어와는 달리, 앞 문장이 긍정이건 부정이건 관계없이 언제나 n'est-ce pas?예요.

2 서울의 **포송 Fauchon**과 빠리의 포숑에서는 무엇을 팔까요?

◁ 세계적으로 유명한 파리의 포숑 Fauchon 은 최고급의 비싼 식료품들을 취급하는 상점이에요. 특히 이곳에서 파는 초콜릿과 과자는 아주 맛있답니다. 마들렌 광장에 있는 포숑에서는 2만 가지가 넘는 식품들을 판매하고 있어요. fauchon은 보리 같은 것을 벨 때 쓰는 갈퀴 달린 낫이에요.

△ 서울의 포숑 Fauchon은 제과점이죠.

● 블랑제리의 정확한 발음은 불랑쥬리예요.

흔히 boulangerie(빵집)를 블랑제리라고 표기하는데 정확한 발음은 '불랑쥬리'예요. 간판 끝에 보이는 가또gâteau(케이크, 과자)는 pâtisserie[빠띠쓰리](제과점) 대신에 썼나 봐요.

| 문 | 화 | 산 | 책 | 프랑스의 광장

마들렌 광장을 쁠라쓰 들라 마들렌Place de la Madeleine이라고 해요. 성경에 나오는 막달라가 프랑스어로 마들렌이에요. 그런데 광장에 쁠라쓰place를 썼죠? 프랑스에서는 도시, 지방 어디에서나 여러 갈래의 길이 만나는 곳에 광장이 생기면 여러 조형물로 멋있게 꾸며 놓아요. 꽁꼬르드 광장Place de la Concorde에는 많은 조각들, 분수들 그리고 이집트에서 가져온 오벨리스끄Obélisque가 있어요. 개선

문이 있는 에뚜알 광장Place de l'Etoile은 12개의 대로가 만나서 별 모양을 이루기 때문에 에뚜알 étoile(별)이라고 해요. 그밖에도 멋있는 광장이 무수히 많아요.

맛있게 배우는 프랑스어

● 만남과 대화

 : Salut! Où vas-tu?
[쌀뤼. 우 바 뛰]

 : Je vais chez le boulanger.
[쥬 베 쉐 르 불랑제]

 : Qu'est-ce que tu vas acheter?
[께스끄 뛰 바 아슈떼]

 : Je vais acheter du pain au chocolat et des sandwichs. Et toi?
[쥬 베 아슈떼 뒤 뼁 오 쇼꼴라 에 데 쌍드위치. 에 뚜아]

 : Je vais à la pâtisserie. Moi, je vais acheter des gâteaux.
[쥬 베 알라 빠띠쓰리. 무아, 쥬 베자슈떼 데 가또]

Aujourd'hui, c'est l'anniversaire de mon frère.
[오주르뒤, 쎄 라니베르쎄르 드 몽 프레르]

 : Dis à ton frère, 'bon anniversaire' de ma part.
[디 아 똥 프레르, 보나니베르쎄르 드 마 빠르]

: D'accord. A bientôt!
[다꼬르. 아 비엥또]

두나: 안녕! 어디 가니?
준: 빵집에 가.
두나: 뭘 살려고?
준: 초콜릿 빵과 샌드위치. 너는?
두나: 제과점에 가. 케이크를 사려고. 오늘이 내 남동생 생일이거든.
준: 너의 남동생에게 생일 축하한다고 내 대신 전해 줘.
두나: 알았어. 나중에 보자!

| 새로운 낱말 | pain au chocolat [빵 오 쇼콜라] 초콜릿 빵 gâteau [가또] 케이크
de ma part [드 마 빠르] ~의 의뢰로 bientot [비엥또] 곧
dire [디르] 말하다

je dis	[쥬 디]	nous disons	[누 디종]
tu dis	[뛰 디]	vous dites	[부 디뜨]
il/elle dit	[일/엘 디]	ils/elles disent	[일/엘 디즈]

● **Dis à ton frère는 명령문이에요.**

동사의 명령형은 주어만 없애면 돼요. 단, 1군 동사의 tu에서는 -es에서 s를 없애야 해요.

Tu chantes. ⇒ Chante!
Nous chantons. ⇒ Chantons!
Vous chantez. ⇒ Chantez!

▷ 가또gâteau, 샤또château처럼 eau로 끝난 명사나 형용사를 복수로 만들 때에는 s가 아니라 x를 붙여요.

un gâteau ⇒ des gâteaux
un château ⇒ des châteaux
le beau château ⇒ les beaux châteaux

● **프랑스에서는 조그만 가게들을 보통 부부가 운영해요.**

예전에는 빵집과 제과점이 달랐어요. 관련된 단어들을 살펴볼까요?

boulangerie [불랑쥬리] 빵집
le boulanger [르 불랑줴] 빵집 남자 주인
la boulangère [라 불랑줴르] 빵집 여자 주인

pâtisserie [빠띠쓰리] 제과점
le pâtissier [르 빠띠씨에] 제과점 남자 주인
la pâtissière [라 빠띠씨에르] 제과점 여자 주인

-er로 끝난 명사나 형용사의 여성형은 -ère예요.

▷ A bientôt에서 à는 헤어질 때 쓰는 인사말 앞에 붙어서 만날 시점을 나타내요.

A lundi! [아 룅디] 월요일에 보자!
A la semaine prochaine! [아 라 쓰멘 프로쉔] 다음 주에 보자!
Au mois prochain! [오 무아 프로쉥] 다음 달에 보자!
A ce soir! [아 쓰 쑤아르] 오늘 저녁에 보자!

3 뚜레쥬르Tous Les Jours에서는 '매일' 오라고 합니다

뚜레쥬르라는 빵집을 아시죠? 뚜레쥬르Tous Les Jours[뚤레주르]는 '매일' 이라는 의미예요. tous les jours 대신에 chaque jour[샤끄 주르]라고 해도 돼요.

| 문 | 화 | 산 | 책 | 샌드위치는 식빵이 아니라 바게뜨로 만들어요.

바게뜨 속에 햄을 넣으면 쌍드위치 장봉sandwich-jambon(햄 샌드위치), 치즈를 넣으면 쌍드위치 프로마쥬sandwich-fromage(치즈 샌드위치)예요. 둘 다 넣어 치즈가 녹도록 구 어내면 크로끄 므씨외croque-monsieur, 크로끄 므시외 위에 계란을 얹으면 크로끄 마담 croque-madame이랍니다.

맛있게 배우는 프랑스어

● 만남과 대화

: Qu'est-ce que tu prends au petit déjeuner?
[께스끄 뛰 프랑 오 쁘띠 데죄네]

: Je prends du pain avec du beurre et de la confiture. Et toi?
[쥬 프랑 뒤 뼁 아베끄 뒤 뵈르 에 들라 꽁피뛰르. 에 뚜아]

: Je ne mange rien, parce que je fais la grasse matinée.
[쥬 느 망쥬 리엥, 빠르스끄 쥬 페 라 그라쓰 마띠네]

Combien de fois achètes-tu du pain par semaine?
[꽁비엥 드 푸아 아쉐뜨 뛰 뒤 뼁 빠르 쓰멘느]

: J'achète des baguettes tous les jours.
[자쉐뜨 데 바게뜨 뚤레주르]

J'aime bien les baguettes fraîches.
[쳄 비엥 레 바게뜨 프레슈]

마리: 아침 식사로 뭘 먹니?

뱅쌍: 빵에다 버터와 잼을 발라 먹어. 너는?

마리: 난 늦잠을 자기 때문에 아무것도 안 먹어. 너는 일주일에 몇 번 빵을 사니?

뱅쌍: 매일 바게뜨를 사. 신선한 바게뜨를 좋아하거든.

| 새로운 낱말 | petit-déjeuner [쁘띠 데죄네] 아침 식사 beurre [뵈르] 버터 confiture [꽁피뛰르] 잼
ne...rien [느...리엥] 아무것도...아니다 faire la grasse matinée [페르 라 그라쓰 마띠네] 늦잠을 자다
fraîche [프레슈] (frais의 여성형) 신선한, 선선한, 시원한

▷ jour, matin, soir, an의 여성 명사 journée, matinée, soirée, année는 지속된 기간의 뉘앙스를 가져요.

마다	내내
tous les jours	toute la journée 하루 온종일
tous les matins	toute la matinée 아침나절 내내
tous les soirs	toute la soirée 저녁나절 내내

Ⅳ 까르푸Carrefour와 쒸뻬르마르쉐supermarché

1. 오렌지orange와 메론melon은 슈퍼supermarché에서 사지요 | 92
2. 프랑스 샐러드는 어떨까요? | 96
3. 크리스마스에 프랑스 사람들은 굴을 즐겨 먹습니다 | 98

1 오렌지 orange와 메론 melon은 슈퍼 supermarché에서 사지요

melon [믈롱]
bananes [바난]
orange [오랑쥬]
fraises [프레즈]
pomme [뽐므]
raisins [레젱]

과일은 fruit[프뤼], 과일 가게는 fruitier[프뤼띠에]라고 해요. 그렇지만 요즈음은 대부분의 사람들이 전문점보다 슈퍼나 대형 마켓에서 모든 종류의 생활필수품들을 원스톱 쇼핑으로 해결하지요.

● 대형 마켓 가운데 하나인 까르푸Carrefour[까르푸르]는 '네거리'라는 의미예요.

우리나라의 슈퍼는 쒸뻬르마르쉐supermarché예요. 그러니까 까르푸는 이뻬르마르쉐hypermarché에 속해요. 까르푸는 프랑스에서 1963년에 창립하여 현재 전 세계 30여 개국에 있어요. 우리나라에는 1996년에 들어와서 8년 만에 매장이 17개로 늘어났다는군요.

| 문 | 화 | 산 | 책 | 프랑스의 독특한 시장을 알아볼까요?

아침시장marché [마르쉐] 프랑스에서는 도시, 시골 어디에서나 주 2~3회 요일을 정해놓고, 아침시장이 서요. 신선하고 값싼 야채와 과일을 주로 아침시장에서 구입해요. 때때로 치즈와 고기도 사지요.

벼룩시장marché aux puces [마르쉐 오 쀠스] 우리나라에도 등장한 벼룩시장은 옛날부터 파리의 명물이었어요. 가장 큰 벼룩시장은 파리 북쪽 지하철 종점, Porte de Clignancourt에 있어요.

고서시장bouquinerie [부끼느리] 센 강 한 가운데에는 시테 섬이 있어요. 파리의 발상지인 그 섬 안에 노트르담 Notre-Dame 대성당이 있지요. 그 근처 강변 양쪽에 네모진 상자들이 죽 널려 있는데 그것이 고서 가게들이랍니다.

▲ 고서시장

꽃시장marché aux fleurs [마르쉐 오 플뢰르]
시테 섬에는 꽃시장도 있어요. 평일에는 꽃시장이, 일요일에는 새시장marché aux oiseaux[마르쉐 오주아조]이 서요.

맛있게 배우는 프랑스어

● 만남과 대화

: Madame ?
[마담]

: Des oranges, s'il vous plaît.
[데조랑쥬, 씰부쁠레]

: Combien, madame ?
[꽁비엥, 마담]

: Deux kilos.
[되 킬로]

: Avec ça, madame ?
[아베끄 싸, 마담]

: Un kilo de bananes.
[욍 킬로 드 바난]

: C'est tout ?
[쎄 뚜]

: Oui, ça fait combien ?
[위, 싸 페 꽁비엥]

: Dix euros.
[디죄로]

상인: 부인?
마리: 오렌지 주세요.
상인: 얼마나 드릴까요, 부인?
마리: 2킬로 주세요.
상인: 뭐가 더 필요하신가요, 부인?
마리: 바나나 1킬로 주세요.
상인: 이것이 전부입니까?
마리: 네, 모두 얼마예요?
상인: 10유로입니다.

| 새로운 낱말 | combien [꽁비엥] 얼마나 kilo [낄로] 킬로그램 un kilo de~ [욍 킬로 드] 1킬로그램의
tout [뚜] (여성형은 toute, toutes, 남성 복수는 tous) 모든

▷ combien은 수량을 묻는 의문사예요.
명사와 함께 쓸 때는 combien de~로 써요. 예를 들어볼까요?
Combien ça coûte? 이것 얼마예요?
Combien de soeurs avez-vous? 누이가 몇 명인가요?

▷ ça fait combien은 모두 합쳐서 가격이 얼마인지 묻는 표현이에요.
단순히 가격을 물을 때는 ça coûte combien? 혹은 combien ça coûte? 아니면 c'est combien?이라고 해요.

▷ ça는 구어로, cela의 단축형인데 ce처럼 '이것', '그것', '저것'을 의미해요.
동사가 être일 때 ce, 그 외 동사 앞에서는 ça나 cela를 써요.

● 쇼핑의 필수 언어인 숫자를 배워봅시다.

10 dix [디쓰]	11 onze [옹즈]
20 vingt [벵]	21 vingt et un [벵떼 욍]
30 trente [트랑뜨]	31 trente et un [트랑떼 욍]
40 quarante [까랑뜨]	41 quarante et un [까랑떼 욍]
50 cinquante [쌩깡뜨]	51 cinquante et un [쌩깡떼 욍]
60 soixante [쑤아쌍뜨]	61 soixante et un [쑤아쌍떼 욍]
70 soixante-dix [쑤아쌍뜨 디쓰]	71 soixante-onze [쑤아쌍뜨 옹즈]
80 quatre-vingts [까트르 벵]	81 quatre-vingt-un [까트르 벵 욍]
90 quatre-vingt-dix [까트르 벵 디쓰]	91 quatre-vingt-onze [까트르 벵 옹즈]
100 cent [쌍]	101 cent un [쌍 욍]
1000 mille [밀]	

▷ vingt, cent은 다음에 숫자가 오면 복수라도 s가 쓰이지 않아요.
  80 quatre-vingts ⇒ 81 quatre-vingt-un
  200 deux cents ⇒ 201 deux cent un

▷ mille은 복수에서 언제나 s가 붙지 않아요.
  2000 deux mille

2 프랑스 샐러드는 어떨까요?

carotte [까로뜨]

concombre [꽁꽁브르]

salade [쌀라드]　　tomates [또마뜨]　　chou [슈]

oignon [오뇽]

양파oignon[오뇽]의 발음에 주의하세요. oi의 발음이 [우아]가 아니라 예외적으로 [오]가 돼요. gn은 [느]를 입천장에 많이 붙여서 발음하세요.

│문│화│산│책│ 프랑스 사람들은 어떤 소스를 좋아할까요?

프랑스 사람들이 만들어 먹는 가장 보편적인 소스는 비네그레뜨vinaigrette 소스예요. 우리나라에서는 프렌치 드레싱이라고 하지요. 우리 한번 만들어 볼까요? 아주 간단하답니다. 윌르huile(식용유)에 비네그르vinaigre(식초)와 쎌sel(소금)을 넣어 잘 저어주기만 하면 돼요. 취향에 따라 마늘을 갈아 넣어도 좋아요.

그림은 유명한 호텔의 저녁 메뉴예요. vinaigrette가 보이네요. croutons[크루똥]도 프랑스어예요. 작은 빵 조각을 버터나 기름에 튀긴 것이에요.

MENU
* * * * * * * *
Warm Salad of Garlic Marinated Prawns,
served with Three Pepper Vinaigrette
피망 비네그렛의 마늘향의 킬인 새우 샐러드
*
Spinach and Watercress Cream Soup
with Golden Croutons
크루통을 넣은 시금치·물냉이 크림 수프

맛있게 배우는 프랑스어

● 만남과 대화

 : Pourquoi est-ce que tu achètes tant de légumes ?
[뿌르꾸아 에스끄 뛰 아쉐뜨 땅 드 레귐]

 : Pour préparer de la salade.
[뿌르 프레빠레 들라 쌀라드]

J'aime bien la salade à la française.
[쳄 비엥 라 쌀라드 알라 프랑쎄즈]

 : Qu'est-ce que tu mets dans la salade française ?
[께스끄 뛰 메 당 라 쌀라드 프랑쎄즈]

 : J'y mets deux tomates, une carotte,
[지 메 되 또마뜨, 윈 까로뜨,]

un oignon et de la sauce 'vinaigrette' ?
[외노농 에 들라 쏘쓰 비네그레뜨]

 : C'est tout ? Il me semble que c'est très facile à faire.
[쎄 뚜. 일 므 쌍블르 끄 쎄 트레 파씰 아 페르]

준: 왜 그렇게 많은 야채들을 사니?
두나: 샐러드를 만들려고. 나는 프랑스식 샐러드를 아주 좋아해.
준: 프랑스 샐러드에는 무엇을 넣는데?
두나: 거기(=샐러드)에는 토마토 두 개, 당근 하나, 양파 하나 그리고 비네그레트 소스를 넣어.
준: 그게 다야? 만들기가 꽤 쉬운 듯한걸.

| 새로운 낱말 | pourquoi [뿌르꾸아] 왜 tant de~ [땅 드] 그렇게 많은 légumes [레귐] 야채
préparer [프레빠레] 준비하다 il me semble que [일 므 쌍블르 끄] ~한 듯하다 facile [파씰] 쉬운

● **J'y mets의 y는 중성대명사로 '거기에', '거기에서'라는 의미예요.**

y는 전치사 à 또는 장소를 나타내는 sur, dans, en 등과 그 다음에 나오는 명사를 대신해요. 위치는 동사 바로 앞이에요.

3 크리스마스에 프랑스 사람들은
굴을 즐겨 먹습니다

huîtres
[위트르]
굴

couteau à huître
[꾸또 아 위트르]
굴 까는 칼

Coquilles
Saint-Jacques
[꼬끼으 쌩자끄]
가리비

maquereaux
[마끄로]
고등어

thon
[똥]
참치

saumon
[쏘몽]
연어

|문|화|산|책| 프랑스의 3대 진미로 꼽히는 음식을 아세요?

에스까르고escargot(달팽이), 푸아그라foie gras(거위나 오리의 간) 그리고 트뤼프truffe(송로버섯)예요.

달팽이는 포도주로 유명한 부르고뉴Bourgogne와 샹파뉴 Champagne 지방산이 최고의 품질이래요. 달팽이가 포도나무 잎을 좋아하기 때문에 이 지역의 달팽이 맛이 가장 풍부하답니다. 달팽이를 데쳐서 껍질 속에 넣고, 마늘과 파슬리로 향을 낸 버터를 달팽이 입구에 듬뿍 얹어 오븐에 구워내면 훌륭한 달팽이 요리가 돼요.

프랑스 사람이 푸아그라를 먹기 위해 얼마나 잔인한 짓을 하는지 아세요? 거위나 오리의 간을 최대한으로 크게 만들기 위해 강제로 콩을 먹여요. 그러면 영양 과잉으로 간이 10배 이상 부푼대요. 이 간을 다른 재료에 섞어서 빠떼pâté로 만들어 빵에 발라 먹기도 하고, 그대로 구워먹기도 해요.

에스까르고

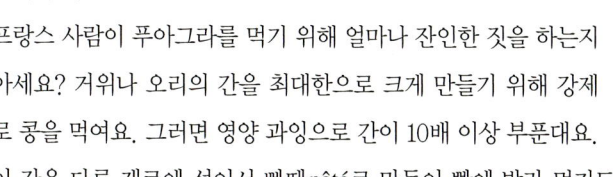

푸아그라

송로버섯은 우리나라 자연산 송이버섯만큼이나 비싸요. 송로버섯은 땅속에 숨어 있어 찾기가 힘들기 때문에 돼지를 끌고 다니면서 찾아내요. 그런데 돼지가 이 비싼 버섯을 먹어버리는 사고가 종종 발생해서 요즘은 개를 이용하기도 한대요. 프랑스의 남서부 뻬리고르 Périgord 숲에서 나는 송로가 제일 유명해요. 떡갈나무 숲의 땅속에서 자라 숲과 흙의 그윽한 향이 배어 있어 식탁의 '다이아몬드'라고 한답니다.

개를 이용하여 트뤼프 찾기

자루 속에 들어 있는 트뤼프

맛있게 배우는 프랑스어

● 만남과 대화

: Qu'est-ce qu'on mange à Noël, en France ?
[께스 꽁 망쥬 아 노엘, 앙 프랑쓰]

: On mange surtout des huîtres.
[옹 망쥬 쒸르뚜 데쥐트르]

: Ce n'est pas difficile d'ouvrir des huîtres ?
[쓰 네 빠 디피씰 두브리르 데쥐트르]

: Si, mais avec le coûteau à huitres, on peut le faire facilement.
[씨, 메 아베끄 르 꾸또 아 위트르, 옹 쀠 르 페르 파씰르망]

: Tu connais la coquille Saint-Jacques ?
[뛰 꼬네 라 꼬끼으 쎙자끄]

: Mais oui, je sais même faire la cuisine avec des coquilles Saint-Jacques !
[메 위, 쥬 쎄 멤므 페르 라 뀌진느 아베끄 데 꼬끼으 쎙자끄]

두나: 프랑스에서는 크리스마스에 무엇을 먹니?
뱅쌍: 다른 무엇보다도 굴을 먹어.
두나: 굴을 까는 것이 어렵지 않아?
뱅쌍: 어려워, 그렇지만 굴 까는 칼로 쉽게 할 수 있어.
두나: 너 가리비 알어?
뱅쌍: 그럼, 가리비를 가지고 요리도 할 줄 아는걸.

| 새로운 낱말 | **Noël** [노엘] 성탄절　**c'est** 형용사 **de inf** ~하는 것은 ~하다　**difficile** [디피씰] 어려운　**couteau** [꾸또] 칼
mais oui [메 위] mais는 oui의 강조　**coquille Saint-Jacques** [꼬끼으 쌩자끄] 가리비
même [멤므] ~조차, ~까지

ouvrir [우브리르] 열다

j'ouvre [주브르]	nous ouvrons [누주브롱]
tu ouvres [뒤 우브르]	vous ouvrez [부주브레]
il/elle ouvre [일/엘 우브르]	ils/elles ouvrent [일/엘주브르]

• ouvrir는 3군이지만 현재형에서는 1군처럼 변화해요.
명령형에서도 1군 동사의 경우처럼 tu에서 -es의 s를 없애요.

savoir [싸부아르] 알다

je sais [쥬 쎄]	nous savons [누 싸봉]
tu sais [뛰 쎄]	vous savez [부 싸베]
il/elle sait [일/엘 쎄]	ils/elle savent [일/엘 싸브]

● **connaître와 savoir의 차이는 무엇일까요?**

connaître는 주로 경험으로 아는 것을 나타내요. 사람이나 길 같은 것을 아는 경우에는 connaître를 써요. savoir는 머리로 아는 것, 혹은 …할 줄 아는 것을 나타내요.
Je connais bien Olivier. 나는 올리비에를 잘 안다.
Tu sais bien la grammaire. 너는 문법을 잘 안다.

● **형용사를 가지고 부사를 만들 수 있어요.**

형용사의 여성형 뒤에 -ment를 붙이면 돼요. frais ⇒ fraîche ⇒ fraîchement
difficile, facile 같이 e로 끝난 형용사는 남성과 여성이 같아요. 그러니까 -ment만 붙이면 돼요.
difficile ⇒ difficile ⇒ difficilement

▷ mais oui에서 mais는 '그러나'가 아니에요. oui, non, si, bien sûr, certainement을 강조할 때 mais를 붙여요.

▷ qu'est-ce qu'on mange?에서 est-ce que를 쓰지 않고 도치시켜볼까요?
il, elle, on이 1군 동사의 현재와 만나 도치될 때, 가운데 -t-를 써요. 현재에서 1군 동사의 어미를 갖는 ouvrir와 같은 동사, avoir, aller도 마찬가지예요.
Mange-t-on?
Ouvre-t-il?
A-t-elle?
Va-t-il?

Partie 3

여가

즐거움이 생생한 대화가 되어
세상을 포용하게 합니다.

- Ⅰ 바캉스 vacances
- Ⅱ 관광
- Ⅲ 호텔 hôtel과 메종 maison
- Ⅳ 스포츠와 로또
- Ⅴ 예술의 나라

… **바캉스 vacances**

1. 산으로 갈까요, 바다로 갈까요? | 106
2. 우리나라의 아쉬운 휴가, 프랑스의 긴 여름휴가 | 110
3. 부활절과 성탄절에도 두 주일의 휴가가 있다면! | 114
4. 짧은 휴가도 즐겁습니다 | 118

1 산으로 갈까요?
바다로 갈까요?

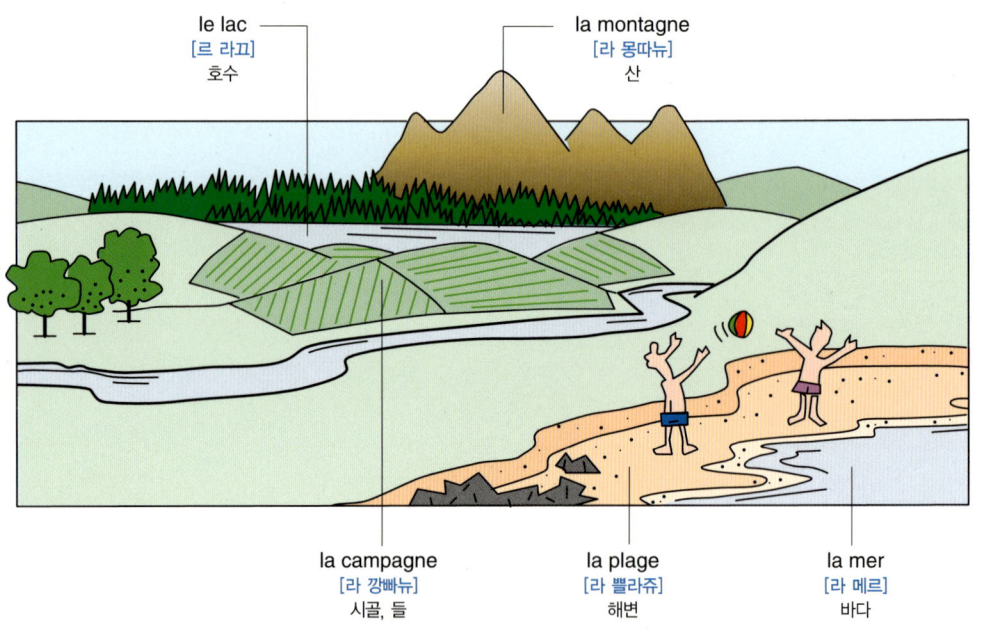

le lac
[르 라끄]
호수

la montagne
[라 몽따뉴]
산

la campagne
[라 깡빠뉴]
시골, 들

la plage
[라 쁠라쥬]
해변

la mer
[라 메르]
바다

Vacance Club
아름다운 여행의 동반자~ 바캉스클럽...

우리가 흔히 사용하는 '바캉스'의 프랑스어 표기는 복수 vacances [바깡쓰]로 써야 해요. 단수 vacance는 '공백'이라는 의미거든요.

|문|화|산|책| 프랑스는 우리나라와는 반대로 평야가 많고 산이 적어요.

산은 주로 동쪽의 알프스산맥, 남쪽의 피레네산맥, 중앙 산악지대에 몰려있어요. 피서는 서쪽에 있는 대서양으로 가기도 하지만, 대부분의 프랑스인들은 햇살이 강렬하고 따뜻한 남쪽의 지중해로 가고 싶어해요.

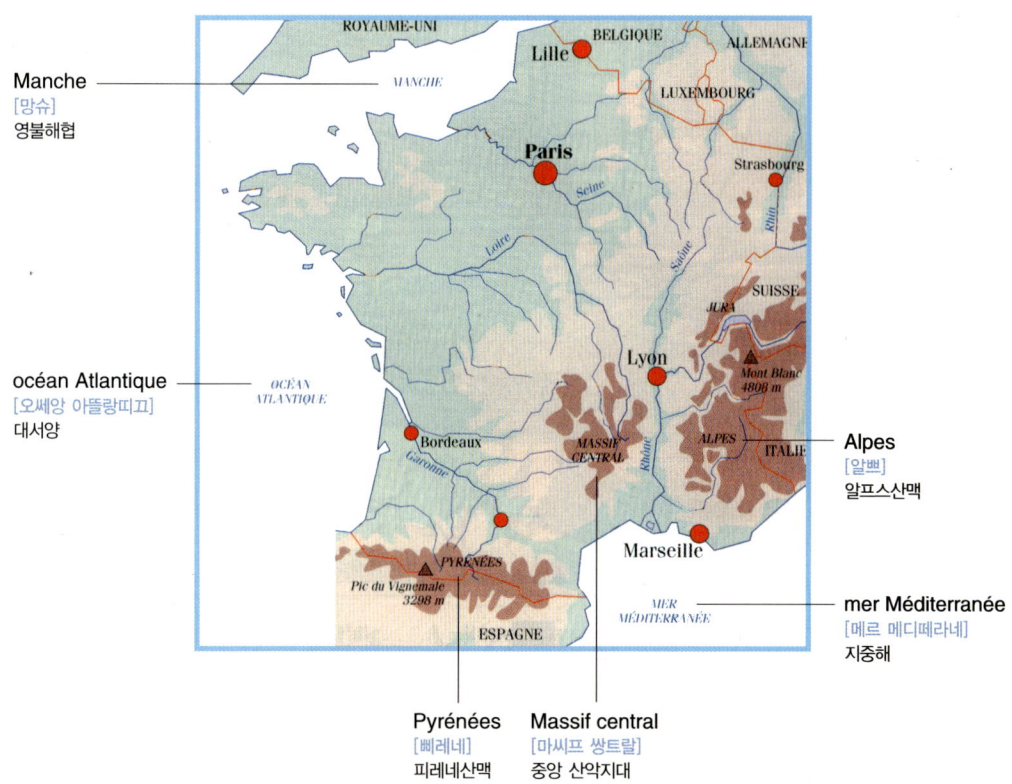

Manche
[망슈]
영불해협

océan Atlantique
[오쎄앙 아뜰랑띠끄]
대서양

Alpes
[알쁘]
알프스산맥

mer Méditerranée
[메르 메디떼라네]
지중해

Pyrénées
[삐레네]
피레네산맥

Massif central
[마씨프 쌍트랄]
중앙 산악지대

즐겁게 배우는 프랑스어

● 만남과 대화

: Qu'est-ce que tu vas faire cette semaine?
[께스끄 뛰 바 페르 쎄뜨 쓰멘느]

: Je vais partir en vacances. Et toi?
[쥬 베 빠르띠르 앙 바깡쓰. 에 뚜아]

: Mes vacances sont déjà finies.
[메 바깡쓰 쏭 데자 피니]

: Où est-ce que tu as passé tes vacances?
[우 에스끄 뛰 아 빠쎄 떼 바깡쓰]

: A la campagne, près de la mer.
[아 라 깡빠뉴, 프레 드 라 메르]

J'ai choisi cet endroit parce qu'on peut aller tantôt
[줴 슈아지 쎄땅드루아 빠르스 꽁 쁘 알레 땅또]
à la montagne, tantôt à la mer.
[알 라 몽따뉴, 땅또 알 라 메르]

: C'est formidable! Je vais faire comme toi!
[세 포르미다블르. 쥬 베 페르 꼼므 뚜아]

두나: 이번 주에 너 뭐할 거니?
준: 휴가를 떠날 거야. 너는?
두나: 내 휴가는 벌써 끝났어.
준: 휴가는 어디서 보냈는데?
두나: 바다 근처에 있는 시골에서. 산도 갈 수도 있고 바다도 갈 수 있어서 그곳을 택했어.
준: 그거 괜찮은데! 나도 너처럼 그렇게 해야 겠다!

| 새로운 낱말 | partir en vacances [빠르띠르 앙 바깡쓰] 휴가를 떠나다 campagne [깡빠뉴] 시골, 들
endroit [앙드루아] 장소, 곳 tantôt [땅또] 혹은, 때로는 formidable [포르미다블르] 기막힌, 놀라운
comme [꼼므] ~처럼 partir [빠르띠르] 떠나다

je pars	[쥬 빠르]	nous partons	[누 빠르똥]
tu pars	[뛰 빠르]	vous partez	[부 빠르떼]
il/elle part	[일/엘 빠르]	ils/elle partent	[일/엘 빠르뜨]

● 과거의 일시적 동작이나 현재와 연관성이 있는 과거 사실은 복합과거로 표현해요.

복합과거 : 조동사 (avoir 또는 être)의 현재 + 과거분사

▷ 복합과거를 만들 때 일부 자동사를 제외하고 대부분의 타동사와 자동사는 avoir를 조동사로 취해요.
J'ai aimé le café.

▷ 장소 이동을 나타내는 자동사를 포함해서 일부 자동사는 être를 조동사로 취해요.
(aller, venir, sortir, entrer, partir, arriver, monter, descendre등)
Il est parti à Paris.

▷ 조동사가 être일 때 과거분사는 주어의 성, 수에 일치해요.

je suis allé(e)	nous sommes allé(e)s
tu es allé(e)	vous êtes allé(s,e,es)
il est allé	ils sont allés
elle est allée	elles sont allées

▷ 1군 동사, 2군 동사의 과거분사는 원형을 가지고 만들어요.

-1군 동사 : er ⇒ é, aimer ⇒ aimé

-2군 동사 : ir ⇒ i, finir ⇒ fini

-3군 동사 : é, i, u, s, t 중 어느 하나를 어미로 취해요.

être ⇒ été

partir ⇒ parti

descendre ⇒ descendu

prendre ⇒ pris

faire ⇒ fait

2 우리나라의 아쉬운 휴가, 프랑스의 긴 여름휴가!

'긴 여름휴가'는 프랑스어로 les longues vacances d'été[레 롱그 바깡쓰 데떼]라고 표현해요. vacances가 여성 복수여서 long의 여성 복수형 longues를 썼어요. 요즘 가족과 함께 긴 휴가를 떠날 때, 카라반 caravane[까라반]이 절실하지요.

| 문 | 화 | 산 | 책 | 프랑스 사람들은 긴 여름휴가를 어떻게 보낼까요?

하기 학교 colonie de vacances

프랑스 학생들의 여름방학은 우리나라 보다 길어요. 어린이부터 청소년까지 긴 방학을 유익하게 보내기 위해 각종 하기夏期 학교colonie de vacances[꼴로니 드 바깡스]에 많이 참가해요. 하기학교는 주로 자연 풍광이 좋은 곳에서 열리죠. 그렇지만 요즈음은 우리나라처럼 외국에 어학연수를 많이 보낸답니다.

여름 축제들 festivals d'été

프랑스 사람들은 단순히 여행을 위한 여행보다 축제가 낀 여행을 선호해요. 아비뇽 연극축제Festival d'Avignon[페스티발 다비뇽]를 맨 처음 시작할 때, 그 곳을 선택한 큰 이유 중의 하나가 지중해 코트다쥐르Côte d'Azur쪽으로 몰려드는 바캉스족들을 유치하기 위해서였어요. 요즈음은 많은 여름 축제들이 프랑스 곳곳에서 앞을 다투어 열리는 추세예요. 프랑스 서부 해안의 라로쉘La Rochelle에서는 7월에 샹송축제, Les Francofolies de La Rochelle[레 프랑꼬폴리 들라 로쉘]이 열려요. 또 매년 6월 21일이면 프랑스 전국 곳곳에서 동시에 열리는 음악축제La Fête de la Musique[라 페뜨 들라 뮈지끄]는 프랑스의 자랑이에요. 이 국민적 축제는 1982년 당시 문화부 장관 작크 랑Jack Lang의 제안으로 시작되었어요. 이런 종류의 전국적인 축제로는 또 영화축제La Fête du Cinéma[라 페뜨 뒤 씨네마]가 있어요. 주로 여름에 열리는 이 영화축제 기간에는 한 영화관의 표만 있으면 어디를 가도 무료로 영화를 볼 수 있답니다. 이 신나는 축제는 수백만 명이 즐길 정도로 성공적이예요. 20주년이 되는 2004년에는 6월 27일, 28일, 29일에 열렸어요.

파리해변 Paris-Plage

휴가를 떠나지 못하는 시민들을 위해 여름이면 파리시 당국이 센 강변에 3.5km에 달하는 인공 모래사장을 만들고 종려나무들과 파라솔들을 설치한답니다. 2004년에 이 파리해변Paris-Plage[빠리 쁠라쥬] 행사는 7월 21일부터 8월 20일까지 열렸어요. 파리 시민뿐 아니라 이곳을 찾아오는 여행자들도 즐거웠겠죠?

즐겁게 배우는 프랑스어

● 만남과 대화

: Il y a longtemps que je ne t'ai pas vu.
[일리아 롱땅 끄 쥬 느 떼 빠 뷔]

Qu'est-ce que tu as?
[께스끄 뛰 아]

: J'ai été chez moi à Paris pour passer mes vacances.
[줴 에떼 쉐 무아 아 빠리 뿌르 빠쎄 메 바깡쓰]

: Pendant combien de semaines es-tu resté chez toi?
[빵당 꽁비엥 드 쓰멘느 에뛰 레스떼 쉐 뚜아]

: Pendant 5 semaines.
[빵당 쌩 쓰멘느]

En France, nous avons droit à 5 semaines de vacances.
[앙 프랑쓰, 누자봉 드루아 아 쌩 쓰멘느 드 바깡쓰]

: Je t'envie. En Corée, nous n'avons qu'une semaine
[쥬 땅비. 앙 꼬레, 누 나봉 뀐 쓰멘느]

en général.
[앙 줴네랄]

: C'est vrai? C'est bien dommage pour vous tous.
[쎄 브레. 쎄 비엥 도마쥬 뿌르 부 뚜스]

두나: 너를 못 본 지가 오래됐다. 무슨 일 있니?
벵쌍: 휴가를 보내려고 파리에 있는 집에 갔었어.
두나: 너희 집에서 몇 주 지냈어?
벵쌍: 5주 있었어. 프랑스에서는 5주의 휴가를 받을 권리가 있거든.
두나: 부럽다. 한국에서는 일반적으로 일주일밖에 안 돼.
벵쌍: 정말이니? 당신들한테는 유감스럽겠는걸.

| 새로운 낱말 | rester [레스떼] (같은 장소에) 있다 avoir droit à~ [아부아르 드루아 아] ~을 받을 권리가 있다 envier [앙비에] 부러워하다 en général [앙 쥬네랄] 일반적으로, 보통 vrai [브레] 참된, 진실한 dommage [도마쥬] 유감스러운

▷ il y a 는 '~이 있다'로도 쓰이지만, 시간을 나타낼 때는 '~전에', '~지나다'의 의미로 쓰여요.

Il y a beaucoup de livres. 많은 책이 있다.
Il est parti il y a 3 ans. 그는 3년 전에 떠났다.
= Il y a 3 ans qu'il est parti. 그가 떠난 지 3년 됐다.

▷ 무슨 일이에요? 를 표현하는 방법은 여러 가지가 있어요.

Qu'est-ce qu'il y a?
Qu'est-ce qui est arrivé?
Qu'est-ce que vous avez?

▷ J'ai été에서 être는 과거에서 aller의 의미로도 쓰여요.

▷ cinq semaine의 cinq는 [쎙끄]가 아니라 [쎙]이에요.

cinq, six, huit, dix는 다음에 자음으로 시작하는 말이 올 때 마지막 자음을 발음하지 않아요.

▷ ne...que에서 que는 '단지' 라는 뜻이 있는 말 앞에 놓여요.

Il va chez ses parents seulement le week-end. 그는 그의 부모집에 주말에만 간다.
Je ne vais chez mes parents que le week-end. 나는 나의 부모집에 주말에만 간다.

▷ tous는 대명사일 때 [뚜스]로 읽어요. tous les jours[뚤레주르] 기억하시죠? 형용사일 때 [뚜]로 읽었죠. tout(tous, toute, toutes)는 형용사나 대명사일 때 남성 복수에서 발음을 달리 하는 것 외에는 발음과 철자가 똑같아요.

Tous sont venus. 모두 왔다.
Tous mes amis sont venus. 나의 모든 친구들이 왔다.

● 부정형에는 우리가 알고 있는 **ne+동사+pas** 이외에도 여러 유형들이 있어요.

ne…jamais : 결코…아니다   ne…plus : 더 이상…아니다
ne…rien : 아무것도…아니다   ne…personne : 아무도…아니다
ne…guère : 거의…아니다   ne…point : 조금도…아니다

3 부활절과 성탄절에도 두 주일의 휴가가 있다면!

△ 부활절 Pâques[빠끄]에는 달걀에 예쁜 그림을 그려서 나눠먹지요. 프랑스에서는 달걀 대신에 초콜릿으로 만든 토끼, 물고기 등을 나눠먹기도 해요.

◁ 서양 사람들은 성탄절 Noël[노엘]에 칠면조 dinde[뎅드]요리를 즐겨 먹는 것을 아시죠?

▷ 가족끼리 다정하게 보내는 성탄절 식탁은 일반적으로 수수하답니다.

| 문 | 화 | 산 | 책 |

2004-2005학년도 프랑스 초, 중, 고 학생들의 방학 일정을 알아볼까요?

	A 지역 Lyon Grenoble 등	B 지역 Nice Strasbourg 등	C 지역 Paris Bordeaux 등
새학기 시작 rentrée scolaire	9월 2일	9월 2일	9월 2일
모든 성인의 날 Toussaint	10월 23일~11월 4일	10월 23일~11월 4일	10월 23일~11월 4일
크리스마스 Noël	12월 18일~1월 3일	12월 18일~1월 3일	12월 18일~1월 3일
겨울 hiver	2월 12일~2월 28일	2월 5일~2월 21일	2월 19일~3월 7일
봄 printemps	4월 16일~5월 2일	4월 9일~4월 25일	4월 23일~5월 9일
여름방학 시작 début des vacances d'été	7월 2일	7월 2일	7월 2일

*겨울방학(스키방학), 봄방학(부활절방학)은 지역에 따라 1~2주일의 차이를 두고 시작해요.

즐겁게 배우는 프랑스어

● 만남과 대화

: Quand est-ce que tu es revenue?
[깡떼스끄 뛰 에 르브뉘] *d는 연음 될 때 [t]로, s와 x는 [z]로, f는 [v]로 바뀌어요.

: Samedi dernier.
[싸므디 데르니에]

: Qu'est-ce que tu as fait à Pâques?
[께스끄 뛰 아 페 아 빠끄]

: J'ai rendu visite à mon cousin.
[줴 랑뒤 비지뜨 아 몽 꾸젱]

Et nous sommes partis en Suisse pour faire du ski. Et toi?
[에 누 쏨므 빠르띠 앙 쒸쓰 뿌르 페르 뒤 스끼. 에 뚜아]

: Je suis resté chez moi toutes mes vacances.
[쥬 쒸 레스떼 쉐 무아 뚜뜨 메 바깡쓰]

: Quel temps a-t-il fait ici?
[깰 땅 아띨 페 이씨]

: Il a plu et il y a eu du vent!
[일라 쁠뤼 에 일리아 위 뒤 방]

: Ah bon! Tu n'as pas eu de chance!
[아 봉. 뛰 나 빠 위 드 샹쓰]

뱅쌍: 언제 돌아왔어?
마리: 지난주 토요일에.
뱅쌍: 부활절 때 뭐했어?
마리: 내 사촌 집을 방문했어. 그리고 우리는 스키타러 스위스에 갔었지. 너는?
뱅쌍: 휴가 내내 집에 있었어.
마리: 여기는 날씨가 어땠어?
뱅쌍: 비도 오고 바람도 불었어.
마리: 그래! 운이 없었구나!

| 새로운 낱말 | revenir [르브니르] 돌아오다 rendre visite à 사람 [랑드르 비지뜨 아] …을 방문하다 cousin [꾸젱] 사촌 il pleut [일 쁘뢰] (과거형은 il a plu)비가 내린다 il y a du vent [일리아 뒤 방] (과거형은 il y a eu du vent) 바람이 분다 ah bon [아 봉] (만족, 안심 찬성, 놀라움 따위를 나타내어) 좋아! 됐어, 저런, 아, 그래! chance [샹쓰] 행운

● **faire du ski의 du는 부분관사예요.**

스포츠, 예술, 공부 등을 하거나 전공한다고 표현할 때 faire 다음에 부분관사를 써요.

faire du patin. 스케이트를 타다.
faire du piano. 피아노를 배우다 (전공하다).
faire du français. 프랑스어를 배우다 (전공하다).

● **과거와 현재의 표현을 비교해봅시다.**

과거	현재
hier	aujourd'hui
la semaine dernière	cette semaine
le mois dernier	ce mois
l'année dernière	cette année

● **복합과거 의문형은 주어와 조동사를 도치해요.**

Avez-vous fini vos études?

· 부정형은 ne...pas를 조동사의 앞과 뒤에 놓아야해요.

Vous n'avez pas fini vos études.

● **날씨에 대하여 묻고 대답해볼까요?**

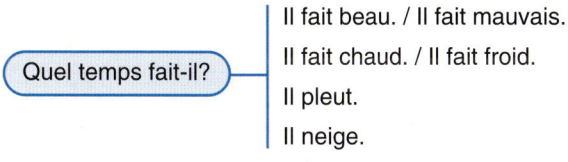

Quel temps fait-il?

Il fait beau. / Il fait mauvais.
Il fait chaud. / Il fait froid.
Il pleut.
Il neige.

*faire 동사는 날씨를 표현할 때 비인칭으로 사용해요.

4 짧은 휴가도 즐겁습니다

5월에는 프랑스나 우리나라나 쉬는 날이 많아서 즐거워요. 프랑스어로 기념일은 축제라는 의미의 fête[페뜨]를 써요.

프랑스에서 5월의 대표적인 기념일로는 5월 1일 노동절 fête du Travail[페뜨 뒤 트라바이으], 5월 8일 제2차 세계대전 전승기념일(Victoire 1945), 5월 마지막 일요일의 어머니날 fête des Mères[페뜨 데 메르]이 있어요.

위의 달력을 보면 노동절과 전승기념일이 화요일이지요? 이 경우 프랑스에서는 월요일이 휴일들 사이에 긴 징검다리 pont[뽕]날이라 쉬어요. 토요일이 휴무니까 휴일이 4일이나 되네요.

짧은 휴가는 vacances가 아니라 congé[꽁줴]라고 해요.

| 문 | 화 | 산 | 책 | 프랑스에는 할머니날도 있어요.

우리나라와는 달리 프랑스에서는 아버지날fête des Pères[페뜨 데 뻬르]이 따로 있고 할머니날fête des Grands-Mères[페뜨 데 그랑 메르]도 있어요. 어머니날은 5월의 마지막 일요일인데 이 축제가 법률로 정해진 것은 1950년이에요. 그리고 2년 뒤, 아버지의 질투를 막기 위해서 6월의 세째 일요일을 아버지날로 정했어요. 1988년에는 상인들의 주장으로 할머니날도 만들었어요.

△ 어머니날 카드예요. '엄마에게, 어머니날을 축하해요' Bonne fête des Mères, maman[본느 페뜨 데 메르, 마망]라고 써 있네요.

△ 아버지날 카드예요. '아빠를 사랑해요' Je t'aime papa.[쥬 뗌 빠빠]라고 썼군요.

△ 포스터에 우리 할머니날 케익Les gâteaux de fêtes de nos grands-mères[레 까또 드 페뜨 드 노 그랑메르]이라고 써 있어요.

즐겁게 배우는 프랑스어

● 만남과 대화

: Qu'est-ce que tu fais ici ?
[께스끄 뛰 페 이씨]

: Je suis en train de choisir des cadeaux.
[쥬 쒸 앙 트렝 드 슈아지르 데 까도]

Aujourd'hui, le 8 mai, c'est la fête des Parents.
[오주르뒤, 르 위뜨 메, 쎄 라 페뜨 데 빠랑]

: Ah oui ! En France la fête des Mères, c'est le dernier dimanche de mai.
[아 위. 앙 프랑스 라 페뜨 데 메르, 쎄 르 데르니에 디망슈 드 메]

Et, le 8 mai c'est le jour de la Victoire.
[에, 르 위뜨 메 쎄 르 주르 들라 빅뚜아르]

: Eh bien, ce jour-là vous ne travaillez pas ?
[에 비엥, 쓰 주르라 부 느 트라바이에 빠]

: Non. Et si ce jour est mardi ou jeudi, nous faisons le pont.
[농. 에 씨 쓰 주르 에 마르디 우 죄디, 누 프종 르 뽕]

Il y a 3 ans comme c'était mardi, J'étais heureux d'avoir 4 jours de congé.
[일리아 트루아장 꼼므 쎄떼 마르디, 쥬떼 외뢰 다부아르 까트르 주르 드 꽁쥐]

뱅쌍: 너 여기서 뭐하니?
두나: 선물을 고르는 중이야. 오늘 5월 8일은 어버이날이야.
뱅쌍: 아, 그래! 프랑스에서는 어머니날이 5월 마지막 일요일이야. 그리고 5월 8일은 전승기념일이야.
두나: 그렇다면, 그날은 일을 안 하겠네?
뱅쌍: 그래. 그리고 만약 그날이 화요일이거나 목요일이면 우리는 징검다리 휴일로 쉬어.
3년 전에, 화요일이었기 때문에, 4일간의 휴가를 가져서 기뻤어.

| 새로운 낱말 | être en train de inf [에트르 앙 트렝 드] ~하는 중이다 cadeaux [까도] 선물, cadeau의 복수형 faire le pont [페르 르 뽕] 징검다리 휴일을 쉰다 heureux [외뢰] 행복한, 기쁜 congé [꽁줴] 휴일

● **반과거는 과거의 동작, 상태의 계속이나 반복을 나타내요.**

L'été dernier, elle faisait du jogging tous les matins. 작년 여름에, 그녀는 매일 아침 조깅을 했다.
Quand ma mère est rentrée, je lisais. 나의 어머니가 돌아왔을 때, 나는 책을 읽고 있었다.

• 반과거의 형태는 조동사 없이 어미를 변화시켜요.

je - ais	nous - ions
tu - ais	vous - iez
il/elle - ait	ils/elles - aient

• 어간은 동사의 1인칭 복수 nous의 현재형에서 ons을 뺀 부분이에요. 단 être 동사는 예외예요.

aimer ⇒ nous aimons ⇒ j'aimais
finir ⇒ nous finissons ⇒ je finissais
avoir ⇒ nous avons ⇒ j'avais
être ⇒ nous sommes ⇒ j'étais

▷ le 8 mai에서 정관사 le는 날짜 앞에 쓰여요.

날짜는 초하루만 서수 premier를 쓰고 나머지는 기수를 써요. 날짜를 묻고 답해볼까요?

Quel jour est-ce aujourd'hui? 오늘이 며칠이에요?
C'est aujourd'hui le premier avril. 오늘은 4월 1일이에요.

▷ être heureux de~, être content de~, être triste de~(~이어서 행복하다, 만족하다, 슬프다)에서 de는 원인·동기를 표현해요.

Elle est contente de lui. 그녀는 그에 대해 만족한다.
Nous sommes tristes de cette nouvelle. 우리는 그 소식 때문에 슬프다.

II 관광 tourisme

1. 트라제Trajet로 갈까요, 르노Renault로 갈까요? | 124
2. 한국고속철도KTX와 테제베TGV | 128
3. 박물관 패스Carte musées et monuments를 가지고 파리의 명소를 구경할까요? | 132
4. 전철을 타고 베르사유Versailles로 가봐요 | 136

1 트라제 Trajet로 갈까요, 르노 Renault로 갈까요?

최근 레저용 자동차로 각광을 받는 우리나라의 미니 밴, 트라제Trajet는 '도정', '여정'의 의미예요. 이 자동차는 어떤 여정이든 소화해 낼 수 있나 보죠?

프랑스의 자동차 르노Renault는 1898년 12월 24일 창업자 루이 르노가 몽마르트르Monmartre언덕을 올라가는 시운전에 성공함으로써 탄생했어요. 이때 루이는 12대의 첫 주문을 받아 내고 다음 해에 형제들과 회사를 설립했어요. 제2차 세계대전 후에는 국영기업이 되었지요. 우리나라의 르노-삼성 자동차는 프랑스의 르노 자동차가 삼성 자동차의 자산을 인수함으로써 탄생했어요.

● 트라제같은 자동차로는 세계 일주 tour du monde[뚜르 뒤 몽드]도 가능하겠지요? 그런데 비슷한 어휘의 잡지가 보이네요. 살펴볼까요?

뚜르드몽드 Tour de monde는 우리나라 여행용 잡지 이름이에요. 뚜르tour는 남성으로 쓰이면 '일주' 나 '회전' 을 뜻하지만 여성일 때는 '탑' 을 뜻해요. 그래서 에펠탑은 라 뚜르 에펠 la Tour Eiffel이라고 해요. 몽드monde가 '세계' 니까 세계 일주라고 하려면 tour du monde로 써야겠죠.

| 문 | 화 | 산 | 책 | 우리나라 자동차 이름에서 프랑스어를 찾아봅시다.

엘란트라 Elantra	Elantra에서 elan은 프랑스어로 읽으면 '열정', '활기' 라는 의미예요.
스포티지 Sportage	sportage는 sport와 portage(운반)의 합성어랍니다.
그랜저 Grandeur	grandeur(큼, 위대함)를 프랑스어로 읽는다면 '그랑되르' 가 돼요.
르망 Lemans	Le Mans은 프랑스 서북부에 위치한 도시 이름이에요. 자동차 경주가 열리는 곳이죠.

푸조 Peugeot[뾔조]는 우리나라 도로에서 볼 수 있는 프랑스 자동차예요.

Ⅱ. 관광 tourisme

즐겁게 배우는 프랑스어

● 만남과 대화

: Est-ce que tu es libre ce week-end ?
[에스끄 뛰 에 리브르 쓰 웍껜드]

: Non. Mes parents sont arrivés de France.
[농. 메 빠랑 쏭따리베 드 프랑쓰]

Et nous allons visiter Kyong-joo.
[에 누잘롱 비지떼 경주]

: Vous y allez en voiture ?
[부지 알레 앙 부아뛰르]

: Oui, nous y allons en Peugeot.
[위, 누지 알롱 앙 쀠조]

: Tu l'as achetée ici ?
[뛰 라 아슈떼 이씨]

: Non, je l'ai apportée de Paris.
[농, 쥬 레 아뽀르떼 드 빠리]

Quand j'étais à Paris, je la conduisais.
[깡 쥬떼 아 빠리, 쥬 라 꽁뒤제]

Quelle est ta voiture ?
[껠 에 따 부아뛰르]

: Je viens d'avoir une voiture Trajet.
[쥬 비엥 다부아르 윈 부아뛰르 트라쩨]

J'apprécie la voiture coréenne.
[자프레씨 라 부아뛰르 꼬레엔느]

Elle est très chic et marche bien.
[엘레 트레 쉬끄 에 마르슈 비엥]

: Je suis tout à fait d'accord avec toi.
[쥬 쒸 뚜따페 다꼬르 아베끄 뚜아]

Elle est très confortable à conduire sur l'autoroute
[엘레 트레 꽁포르따블르 아 꽁뒤르 쒸르 로또루뜨]

et aussi sur la route nationale.
[에 오씨 쒸르 라 루뜨 나씨오날르]

벵쌍: 이번 주말에 시간 있니?
마리: 아니. 부모님이 프랑스에서 오셨어. 그래서 경주를 방문하려고 해.
벵쌍: 자동차로 갈 거니?
마리: 그래, 푸조로 갈 거야.
벵쌍: 여기서 그 차를 샀니?
마리: 아니, 파리에서 가지고 왔어. 파리에 있을 때 그 차를 몰았어. 네 차는 뭐니?
벵쌍: 얼마 전에 트라제를 샀어. 나는 한국 차를 높이 평가해. 아주 근사하고 작동도 잘돼.
마리: 전적으로 동감이야. 고속도로에서뿐만 아니라 국도에서도 운전하는 데 아주 편해.

| 새로운 낱말 | être libre [에트르 리브르] 자유로운, 시간이 있는 apporter [아뽀르떼] 가져오다 conduire [꽁뒤르] 운전하다
apprécier [아프레씨에] 높이 평가하다 marcher bien [마르쉐 비엥] 잘 작동하다
tout à fait [뚜따페] 완전히 être d'accord avec [에트르 다꼬르 아베끄] ~와 의견을 같이하다

● **교통수단을 표현할 때는 대개 en이나 à를 써요.**

· 비를 피할 수 있는 교통수단인 경우에는 en voiture(자동차로), en métro(지하철로), en train(기차로), en bateau(배로), en avion(비행기로)처럼 en을 써요.

· 비를 피할 수 없는 교통수단인 경우는 à cheval(말을 타고), à bicyclette(자전거를 타고), à pied(걸어서)처럼 à를 써요.

▷ Tu l'as achetée에서 achetée는 l'(=la voiture)에 일치되어 있어요.
복합과거에서 직접목적어가 조동사 앞에 올 경우, 과거분사는 직접목적어의 성과 수에 일치해요.

▷ '길에서'를 표현할 때 route 앞에서는 sur를 쓰지만, rue의 경우에는 dans을 써요.
Je les ai rencontrés dans la rue.

2 한국고속철도 KTX와 테제베 TGV

TGV는 Train à Grande Vitesse의 약자예요.

KTX는 Korea Train Express의 약자예요.

● 프랑스어의 약어를 정확하게 읽으려면 알파벳 alphabet[알파베]을 알아야겠지요. 한 번 정리해 볼까요?

a	b	c	d	e	f	g	h	i	j	k	l	m
[아]	[베]	[쎄]	[데]	[에,으]	[에프]	[줴]	[아슈]	[이]	[지]	[까]	[엘]	[엠]

n	o	p	q	r	s	t	u	v	w	x	y	z
[엔]	[오]	[뻬]	[뀌]	[에르]	[에쓰]	[떼]	[위]	[베]	[두블르베]	[익쓰]	[이그렉]	[제드]

● 약어를 프랑스어로 읽는 연습을 해보세요.

우리가 훌륭하게 극복해낸 IMF는 프랑스어로 FMI(에프 엠 이)라고 해요. Fonds Monétaire International의 약자지요. 프랑스어에서는 형용사가 명사 뒤에 오기 때문에 순서가 바뀐 거랍니다. 그런데 약어를 알파벳으로 읽지 않고 한 단어처럼 연결시켜서 발음하는 경우도 있어요. 프랑스의 대표적인 출판사 가운데 하나인 PUF(Presses Universitaires de France)는 [뻬 위 에프]라고 읽지 않고 [쀠프]라고 읽어요.

| 문 | 화 | 산 | 책 |

우리나라 고속철도는 1992년에 공사를 시작하여 12년 만인 2004년 4월 1일에 개통했어요. 시속 300km로 달려서 서울에서 부산까지 2시간 40분 소요돼요.

테제베TGV는 프랑스의 국유철도 SNCF(Société Nationale des Chemins de Fer Français)가 알스톰Alstom 사와 제휴하여 만들었어요. 1981년 9월 처음으로 파리-리옹 간 노선을 개통하여 지금은 국제적인 노선까지 확장하였지요. 최고시속은 515km, 평균 시속은 300km예요.

즐겁게 배우는 프랑스어

● 만남과 대화

 : A quelle heure pars-tu pour Busan ?
[아 껠뢰르 빠르 뛰 뿌르 부산]

 : A huit heures du matin.
[아 위뙤르 뒤 마뗑]

J'arriverai à Busan à dix heures quarante.
[자리브레 아 부산 아 디죄르 까랑뜨]

 : Ce n'est pas vrai !
[쓰 네 빠 브레]

 : Si, en KTX on met deux heures quarante.
[씨, 앙 까떼엑스 옹 메 되죄르 까랑뜨]

Il roule à trois cents kilomètres à l'heure.
[일 룰르 아 트루아쌍 킬로메트르 아 뢰르]

 : Tu retourneras aujourd'hui même ?
[뛰 르뚜르느라 오주르뒤 멤므]

 : Certainement ! J'ai réservé le billet aller-retour.
[쎄르뗀느망. 줴 레제르베 르 비에 알레 르뚜르]

두나: 부산에 몇 시에 떠나니?
준: 아침 8시에. 그러면 부산에 10시 40분에 도착할 거야.
두나: 그럴리가!
준: 맞아. 고속철도로 2시간 40분 걸려. 시속 300km로 달리거든.
두나: 오늘 안으로 돌아올 수 있다는 거야?
준: 물론이지! 왕복 티켓을 예매했어.

| 새로운 낱말 | à quelle heure [아 껠뢰르] 몇 시에 rouler [룰레] 달리다 à l'heure [아 뢰르] 시간당 certainement [쎄르뗀느망] 확실히, 틀림없이 réserver [레제르베] 예약하다 billet [비에] 티켓 aller-retour [알레 르뚜르] 왕복

● **J'arriverai는 단순미래예요.**

단순미래는 미래에 일어날 동작이나 상태를 표현해요. 동사의 원형을 어간으로 하여 avoir의 어미 (-ai , -as, -a, -ons, -ez, -ont)를 붙여요.

-er형	je parlerai	어간이 불규칙인 경우	être ⇒ je serai
-ir형	je choisirai		faire ⇒ je ferai
			avoir ⇒ j'aurai
-re형(e을 탈락시킴)	je prendrai		aller ⇒ j'irai

▷ 시간에 오전, 오후, 저녁을 명시할 때 du matin, de l'après-midi, du soir를 붙여요.
Il est neuf heures du soir.
[일레 뇌뵈르 뒤 쑤아르] (*f는 연음될 때 [v]로 바뀌어요.)

▷ 2시 40분에서 두 번째 단위 분minute[미뉘뜨]은 표현하지 않아요.
길이, 무게의 경우도 마찬가지예요.

un mètre dix

● **기차를 탈 때, 필수적인 시간을 묻고 대답해볼까요?**

: Quelle heure est-il ?
[껠뢰르 에띨]

: Il est 4 heures.
[일레 까트르 외르]

몇 시입니까?

4시예요.

: A quelle heure tu arrives ?
[아 껠뢰르 뛰 아리브]

: J'arrive à 5 heures.
[자리브 아 쌩꾀르]

몇 시에 너는 도착하니?

5시에 도착해.

3 박물관 패스 carte musées et monuments를 가지고 파리의 명소를 구경할까요?

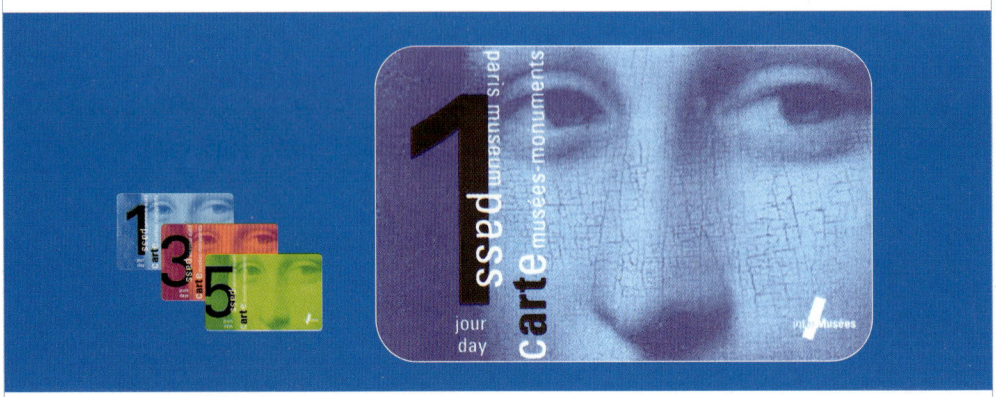

빠리에는 수없이 많은 박물관 musée[뮈제]과 기념물 monument[모뉘망]이 있어요. 짧은 시간에 많은 것을 보고 싶어하는 관광객에게는 박물관 패스 Carte musées et monuments[까르뜨 뮈제 에 모뉘망]가 유용해요. 이 패스를 이용하면 티켓을 사기 위해 줄을 설 필요가 없어요. 70개의 박물관과 기념물에 바로 입장할 수 있어요.

| 문 | 화 | 산 | 책 | 파리의 대표적인 명소를 찾아가 볼까요?

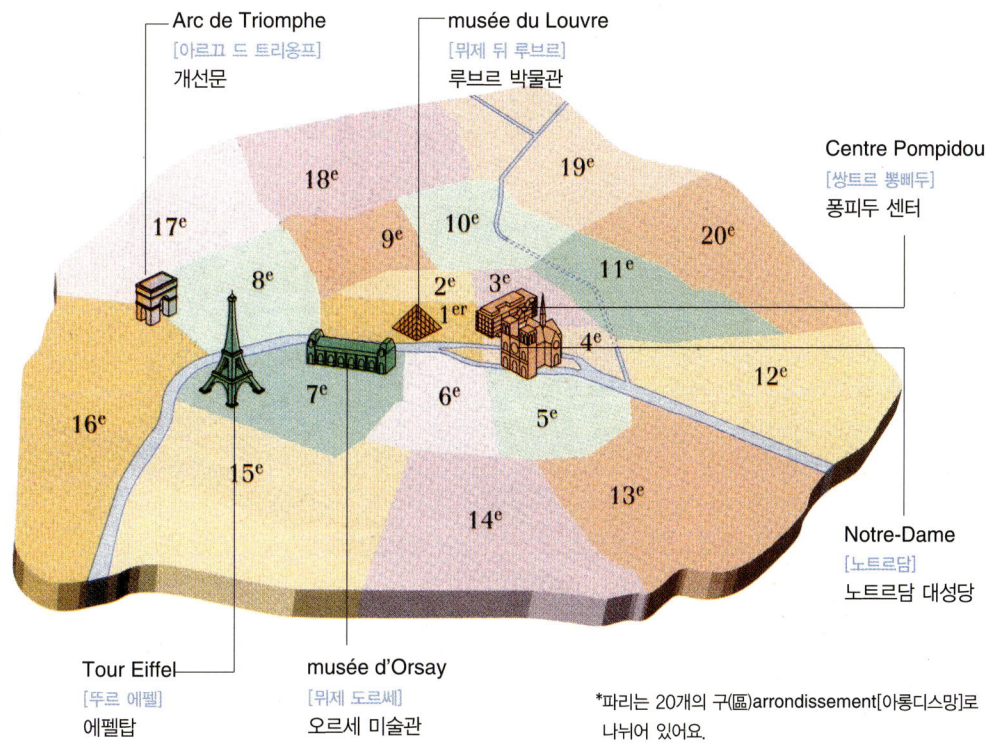

Arc de Triomphe
[아르끄 드 트리옹프]
개선문

musée du Louvre
[뮈제 뒤 루브르]
루브르 박물관

Centre Pompidou
[쌍트르 뽕삐두]
퐁피두 센터

Notre-Dame
[노트르담]
노트르담 대성당

Tour Eiffel
[뚜르 에펠]
에펠탑

musée d'Orsay
[뮈제 도르쎄]
오르세 미술관

*파리는 20개의 구(區)arrondissement[아롱디스망]로 나뉘어 있어요.

세계적인 화가의 그림을 연대순으로 감상하고 싶으세요?

제일 먼저 루브르 박물관 musée du Louvre[뮈제 뒤 루브르]을 찾아가세요. 인상파 화가부터는 오르세 미술관 musée d'Orsay[뮈제 도르쎄]에 있어요. 현대 미술의 거장들은 퐁피두 센터 Centre Pompidou[쌍트르 뽕삐두]에서 만나볼 수 있어요.

루브르 입장권   오르세 입장권

즐겁게 배우는 프랑스어

● 만남과 대화

 : Cet hiver, je visiterai Paris.
[쎄띠베르, 쥬 비지뜨레 빠리]

Qu'est-ce qu'il y a à voir ?
[께쓰낄리아 아 부아르]

 : Il y a le Louvre, la cathédrale Notre-Dame, la Tour Eiffel etc.
[일리아 르 루브르, 라 까떼드랄 노트르담, 라 뚜르 에펠 엣쎄떼라]

Oh ! je ne peux pas les compter tous.
[오, 쥬 느 쁘 빠 레 꽁떼 뚜쓰]

 : Je m'intéresse surtout aux musées.
[쥬 멩떼레쓰 쒸르뚜 오 뮈제]

 : Alors, je te conseille de prendre une carte musées et monuments.
[알로르, 쥬 뜨 꽁쎄이으 드 프랑드르 윈 까르뜨 뮈제 에 모뉘망]

Tu n'auras pas besoin de faire la queue pour acheter le ticket.
[뛰 노라 빠 브주엥 드 페르 라 꾀 뿌르 아슈떼 르 띠께]

 : Ce sera bien pratique !
[쓰 쓰라 비엥 프라띠끄]

두나: 이번 겨울에 파리를 여행하려고 해. 볼 것이 뭐가 있어?
마리: 루브르 박물관, 노트르담 대성당, 에펠탑 등이 있어. 오! 그것들 모두를 헤아릴 수가 없겠어.
두나: 무엇보다도 나는 박물관에 관심이 있어.
마리: 그렇다면, 네게 박물관 패스를 끊으라고 권하고 싶어. 티켓을 사려고 줄을 서지 않아도 되거든.
두나: 그것 참 편리하겠네!

| 새로운 낱말 | il y a 명사(대명사) à voir 볼 ~이 있다 cathédrale [까떼드랄] 대성당 compter [꽁떼] 세다 s'intéresser à [쎙떼레쎄 아] 관심을 갖다 conseiller de inf à 사람 ~에게 ~하도록 권고하다 avoir besoin de ~이 필요하다 faire la queue 줄을 서다 pratique [프라띠끄] 편리한, 실용적인

● **Je m'intéresse에는 대명동사가 쓰였어요.**

대명동사는 재귀대명사를 동반하는 동사예요. 재귀대명사는 주어의 인칭과 수에 따라 me(m'), te(t'), se(s'), nous, vous, se(s')로 변화하고, 동사 앞에 놓여요. 동사는 1군, 2군, 3군에 따라 원래대로 변화해요.

je m'intéresse	nous nous intéressons
tu t'intéresses	vous vous intéressez
il/elle s'intéresse	ils/elles s'intéressent

▷ se가 상호적이나 수동적인 의미를 가질 때도 있어요.

Mon père et ma mère s'aiment. 나의 아버지와 나의 어머니는 서로 사랑한다.
Ce livre se vend bien. 이 책은 잘 팔린다.

▷ 대명동사를 복합시제로 표현할 때는 조동사 être를 써요.

Il s'est intéressé à l'opera. 그는 오페라에 흥미가 있었다.
Elle s'est intéressée au ballet. 그녀는 발레에 흥미가 있었다.

▷ se가 간접목적어일 때는 성, 수에 일치시키지 않아요.

Elle s'est levée. 그녀는 일어났다. (se가 직접목적어인 경우)
Elle s'est lavé les mains. 그녀는 손을 씻었다. (se가 간접목적어인 경우)

Ⅱ. 관광 tourisme

4 전철을 타고
베르사유 Versailles 로 가봐요

파리 지하철 노선표예요. 흥미 있는 역들을 찾아보세요.

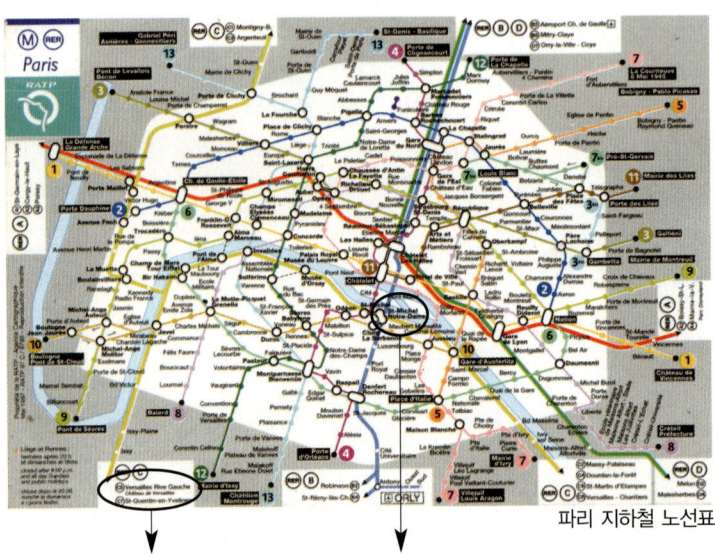

파리 지하철 노선표

Versailles Rive Gauches
Château de Versailles

St-Michel
Notre-Dame

전통적인 파리 지하철역 입구예요.

● '역'은 프랑스어로 다양하게 표현돼요.

기차역은 gare[가르]라고 하고 지하철역은 station[쓰따씨옹]이라고 해요. 버스정거장은 arrêt d'autobus[아레 도또뷔쓰]라고 해요. '아침, 저녁으로 지하철을 탄다' 라고 표현해볼까요?
Je prends le métro le matin et le soir.
[쥬 프랑 르 메트로 르 마땡 에 르 쑤아르]

| 문 | 화 | 산 | 책 | 프랑스에서는 같은 티켓으로 지하철, 버스, 수도권 고속전철을 모두 탈 수 있어요.

요금은 구역별로 차이가 나요. 2구역zone까지는 시내권으로 요금이 같지만 수도권 고속전철(RER: Réseau Express Régional)권으로 넘어가면 구역별로 요금이 달라져요.

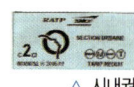
△ 시내권

지하철 티켓에는 여러 종류가 있어요. 까르네carnet는 10장 묶음으로 한 장씩 살 때보다 가격이 싸답니다. 까르뜨 오랑쥬carte orange는 사용 횟수에 한도를 두지 않는 정기 승차권인데, 주간카드carte hebdomadaire[까르뜨 엡도마데르], 월간카드carte mensuelle[까르뜨 망쒸엘], 연간카드carte annuelle[까르뜨 아뉘엘]로 나뉘어요. 모빌리쓰mobilis나 빠리 비지뜨paris visite는 관광객용으로 1일권에서 5일권이 있어요.

△ 시내권carnet[까르네] 표

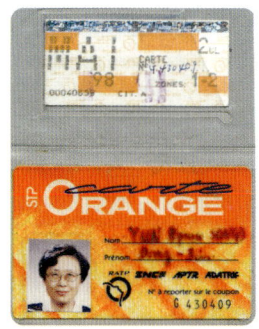
◁ 까르뜨 오랑쥬 carte orange 월간 승차권

△ 주간(4구역) 승차권

◁ 모빌리쓰

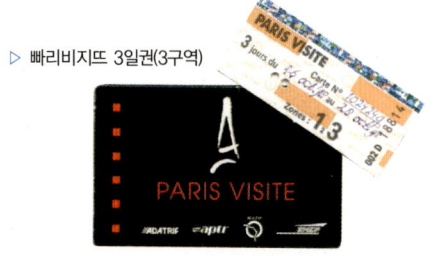
▷ 빠리비지뜨 3일권(3구역)

즐겁게 배우는 프랑스어

● 만남과 대화

 : Où se trouve le château de Versailles?
[우 쓰 트루브 르 샤또 드 베르싸이으]

 : C'est très loin d'ici.
[쎄 트레 루엥 디씨]

Demandez au guichet le ticket de 4 zones.
[드망데 오 기쉐 르 띠께 드 까트르 존느]

 : Faudra-t-il faire la correspondance?
[포드라띨 페르 라 꼬레쓰뽕당쓰]

 : Oui, à St-Michel Notre-Dame.
[위, 아 쎙미쉘 노트르담]

Et descendez à Versailles Rive-Gauche.
[에 데쌍데 아 베르싸이으 리브고슈]

En sortant de la station, regardez bien le plan.
[앙 쏘르땅 들라 쓰따씨옹, 르가르데 비엥 르 쁠랑]

Vous devrez marcher quelques minutes.
[부 드브레 마르쉐 껠끄 미뉴뜨]

 : C'est facile à trouver?
[쎄 파씰 아 트루베]

 : Pas tellement, mais renseignez-vous à l'office de tourisme.
[빠 뗄르망, 메 랑쎄녜 부 아 로피쓰 드 뚜리씀]

두나: 베르사이유 궁전이 어디에 있나요?
경찰: 여기서 아주 멀어요. 매표소에서 4구역 티켓을 끊으세요.
두나: 갈아타야만 합니까?
경찰: 네, 셍 미셸 노트르–담에서 갈아타세요. 그리고 베르사이 리브–고쉬에서 내리세요. 역에서 나오면서 지도를 잘 보세요. 몇 분 걸어야 할 겁니다.
두나: 그것은 찾기 쉬운가요?
경찰: 그다지 쉽지는 않을 거예요. 관광 안내소에 물어보세요.

| 새로운 낱말 | être loin de [에트르 루엥 드] ~로부터 멀다 guichet [기쉐] 창구 correspondance [꼬레쓰뽕당쓰] 환승 descendre [데썽드르] 내리다 plan [쁠랑] 지도 devoir [드부아르] ~을 해야만 한다 pas tellement [빠 뗄르망] 별로, 그다지 se renseigner [쓰 랑쎄녜] 문의하다 office de tourisme [오피쓰 드 뚜리씀] 관광 안내소

● **en sortant은 제롱디프 gérondif예요.**

- 제롱디프는 현재분사 앞에 en이 와요. 현재분사는 nous의 현재형에서 -ons를 빼고 -ant를 붙이면 돼요.

sortir ⇒ nous sortons ⇒ sortant ⇒ en sortant

- 제롱디프는 '~하면서', '~함으로써'를 의미해요.

Elle danse en chantant. 그녀는 노래하면서 춤춘다.
On a la santé en travaillant. 일함으로써 건강하다.

● **대명동사의 긍정 명령에서는 재귀대명사를 동사의 뒤에 놓아요. 이때 연결선을 잊지 마세요.**

te는 동사 뒤로 가면 toi가 돼요. 그러나 부정 명령형에서는 본래의 위치와 형태로 써요

긍정명령	부정명령
Lave-toi	Ne te lave pas
Lavons-nous	Ne nous lavons pas
Lavez-vous	Ne vous lavez pas

▷ se renseigner를 vous로 변화시킨 후 명령형으로 바꿔볼까요?

se renseigner ⇒ vous vous renseignez ⇒ renseignez-vous

● **faudra는 falloir[팔루아르] (~해야 한다, ~할 필요가 있다)의 단순미래예요.**

devrez는 devoir[드부아르] (~해야 한다, ~임에 틀림이 없다)의 단순미래예요. falloir와 devoir 두 동사 모두 단순미래에서 특수 어간을 갖는 3군 동사지요. 그런데 두 동사가 의미는 같을 때가 있어도, falloir는 언제나 비인칭 주어 il을 취하는 비인칭 동사예요. 의미상 주어가 필요하면 간접목적어로 표현해요.

Il devra écrire une lettre.
= Il lui faudra écrire une lettre. 그는 편지를 써야 할 것이다.

Il faut dix euros. 10유로가 필요하다.
Il me faut dix euros. 내게 10유로가 필요하다.

Ⅲ 호텔hôtel과 메종maison

1. 노보텔Novotel과 관광호텔 | 142
2. 호텔에서 부케bouquet를 든 예쁜 피앙세fiancée를 보셨나요? | 146
3. 호텔이 아닌 호텔 | 150
4. 빌ville이 붙은 아파트가 많아요 | 152
5. 전원주택을 갖고 싶으시죠? | 156

1 노보텔Novotel과 관광호텔

우리나라에도 몇 개의 체인이 있는 노보텔 Novotel[노보뗄]은 프랑스의 국제적인 최고급 호텔 체인이에요.

● 호텔은 오뗄hôtel이라고 해요. o 위에 ∧를 조심하세요.

 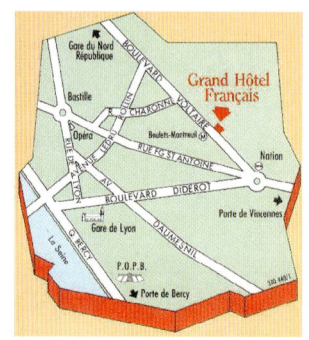

지도 속에 hôtel의 철자가 정확하네요.

● 호텔의 등급은 별의 숫자로 표시하지요.

프랑스어로 세어볼까요? 연음까지 복습해보세요.

★	une étoile [윈네뚜알]
★★	deux étoiles [되제뚜알]
★★★	trois étoiles [트루아제뚜알]
★★★★	quatre étoiles [까트르 에뚜알]
★★★★★	cinq étoiles [쎙께뚜알]

| 문 | 화 | 산 | 책 |

노보텔의 다양한 네트워크 호텔들을 살펴볼까요?

이비스 Ibis		아프리카에서 서식하는 조류의 이름
노보텔 Novotel		novo는 '새로운'의 의미
소피텔 Sofitel		sophia와 hôtel의 합성어 sophia는 그리스어로 '지혜'라는 의미
메르퀴르 Mercure		화학 용어로는 '수은', 천문학에서는 '수성' 로마 신화에 나오는 '메르쿠리우스'
포르뮐르 Formule1		방법, 양식이라는 의미. 경제적인 여행 방법 formule économique de voyage에서 유래

즐겁게 배우는 프랑스어

● 만남과 대화

: Je cherche un hôtel cinq étoiles.
[쥬 쉐르슈 외노뗄 쌩께뚜알]

: Il y en a beaucoup à Séoul.
[일리아나 보꾸 아 쎄울]

: Lequel de ces hôtels est près d'ici?
[르껠 드 쎄조뗄 에 프레 디씨]

: C'est le Novotel.
[쎄 르 노보뗄]

Vous ne le voyez pas, là-bas?
[부 느 르 부아이에 빠, 라바]

: Ah! Si. Je connais bien cet hôtel.
[아, 씨. 쥬 꼬네 비엥 쎄또뗄]

Quand j'allais à Paris, j'y étais logé.
[깡 잘레 아 빠리, 지 에떼 로줴]

: Ah bon? Moi, j'ai un ami qui travaille dans cet hôtel.
[아 봉. 무아, 줴 외나미 끼 트라바이으 당 쎄또뗄]

뱅쌍: 별 다섯 개 짜리 호텔을 찾고 있어요.
부인: 그런 호텔은 서울에 많이 있어요.
뱅쌍: 그 호텔들 중 어느 호텔이 여기서 가까운가요?
부인: 노보텔이요. 저쪽에 있는데 보이지 않나요?
뱅쌍: 아! 보여요. 저 호텔을 잘 알아요. 파리에 갈 때면 거기에 머물렀어요.
부인: 아 그러세요? 나는 저 호텔에서 일하는 친구가 있어요.

| 새로운 낱말 | **chercher** [쉐르쉐] 찾다　**près de** [프레 드] ~근처에　**loger** [로줴] 묵다, 묵게 하다　**travailler** [트라바이에] 일하다, 공부하다

● **il y en a beaucoup에서 en은 중성대명사예요.**

중성대명사 en은 de+명사, de+inf, de+절을 받거나 또는 부분관사나 부정관사가 붙은 명사를 대신해요. 위치는 동사 앞이에요.

Il y a beaucoup d'hôtels. ⇒ Il y en a beaucoup.　많은 호텔들이 있다.
Ell est contente de travailler. ⇒ Elle en est contente.　그녀는 일하게 되어 기쁘다.
J'ai de l'argent. ⇒ J'en ai.　나는 돈을 가지고 있다.

● **lequel은 quel 앞에 정관사를 덧붙인 형태예요.**

이 의문대명사는 대신하는 명사의 성과 수에 따라 변화해요. '~중의 어느 것(누구)'이라는 의미예요.

남성	여성	남,여 복수
lequel	laquelle	lesquels / lesquelles

Laquelle de ces dames est malade?　이 부인들 중 누가 아픈가요?
Lesquels de ces tableaux sont à vous?　이 그림들 중 어느 것들이 당신 거예요?

● **관계대명사 qui는 관계절에서 주어의 역할을 해요.**

qui의 선행사는 사람과 사물 그 어느 쪽도 다 돼요. 선행사의 성, 수에 따라 qui는 변화하지 않으나, qui절의 동사는 선행사의 성, 수와 인칭에 따라 변화해요.

Elle achète ce qui est bon marché.　그녀는 싼 것을 산다.
Vous qui êtes riches, aidez les pauvres.　부자인 당신들이 가난한 사람들을 도와주세요.

2 호텔에서 부케bouquet를 든 예쁜 피앙세fiancée를 보셨나요?

약혼자는 fiancé[피앙쎄], 약혼녀는 fiancée[피앙쎄]예요.

● 약혼에서 금혼식까지 알아볼까요?

약혼식은 fiançailles[피앙싸이으], 결혼식은 mariage[마리아쥬]라고 해요. 신부는 mariée[마리에], 신랑은 marié[마리에]라고 하죠. 25번째 결혼기념일인 은혼식은 noces d'argent[노쓰 다르쟝]이고, 50번째 결혼기념일인 금혼식은 noces d'or[노쓰 도르]예요.

|문|화|산|책| 프랑스에서는 결혼식을 두 번해요!

프랑스인들은 대부분 카톨릭이므로 신앙심을 갖고 있지 않더라도 흔히 성당에서 결혼식을 해요. 그러나 법적으로는 국가의 대리인인 시장이 증인이 되는 시청에서의 결혼식만을 인정하지요. 신혼부부는 신부가 사는 시청에 가야 해요. 시장은 공화국의 상징인 마리안느의 형상 앞에서 두 사람의 증인을 세우고 결혼의 시민적 의무를 환기시킨 다음 부부가 되었음을 선언한답니다.

△ 마리안느

프랑스에서는 PACS[빡쓰](시민연대협약)로 부부의 개념이 달라졌어요.

시민연대협약(Pacte Civil de Solidarité) 법령은 18세 이상의 결혼하지 않고 사는 '모든 형태의 동거부부'에게 법적 지위를 부여했어요. 이성 또는 동성 커플이 동거 계약서를 법원에 제출하는 것만으로 사회보장, 납세, 임대차계약, 채권·채무 등에서 결혼과 같은 권리와 의무를 보장받게 되었지요. 이 법안이 제출되었을 때 찬반 의견이 팽팽했어요. 2003년에 법안이 통과한 후 1년이 지나자 프랑스 국민의 70%가 찬성하게 되었을 만큼 동성애에 대한 편견과 부정적 인식이 약해져가고 있답니다. 그러나 시민연대협약으로 프랑스에서는 결혼의 필요성이 줄어들고 있어요. 서로 원할 경우 복잡한 이혼 절차 없이 언제든지 갈라설 수 있기 때문이죠. 현재 프랑스 신생아 중 37.6%가 혼외婚外 출생이며, 결혼에 골인하는 커플의 87%는 이미 동거를 경험한 바 있다고 조사되었어요.

△ 'PACS에 찬성입니까, 아니면 반대입니까?'
라는 제목의 르몽드 Le Monde지(紙) 기사

 즐겁게 배우는 프랑스어

● 만남과 대화

: Que de monde!
[끄 드 몽드]

Qu'est-ce qu'il y a?
[께스낄리아]

: Il y aura des fiançailles dans le grand hall.
[일리 오라 데 피앙싸이으 당 르 그랑 올]

: Qui sont les fiancés?
[끼 쏭 레 피앙쎄]

: La fiancée est une grande vedette et le fiancé est un
[라 피앙쎄 에뛴 그랑드 브데뜨 에 르 피앙쎄 에뙹]

jeune PDG.
[죈느 뻬데줴]

Ils sont tous les deux bien connus ici.
[일쏭 뚜 레 되 비엥 꼬뉘 이씨]

: C'est un couple idéal que je n'ai jamais vu.
[쎄뙹 꾸쁠르 이데알 끄 쥬 네 쟈메 뷔]

: N'est-ce pas?
[네쓰빠]

벵쌍: 사람이 참 많기도 하네! 무슨 일이에요?
하나: 큰 홀에서 약혼식이 있을 거예요.
벵쌍: 약혼자들은 누구예요.
하나: 약혼녀는 대스타이고 약혼자는 젊은 사장이에요. 둘 모두 여기에서 잘 알려진 사람들이죠.
벵쌍: 한 번도 본적이 없는 이상적인 커플이네요.
하나: 그렇지요?

| 새로운 낱말 | fiançailles [피앙싸이으] 약혼식 hall [올] 홀, 넓은 공간 vedette [브데뜨] 인기 배우, 스타
PDG(président-directeur général) 사장 connu [꼬뉘] 알려진, 유명한 connaître의 과거분사
couple [꾸쁠르] 부부, 남녀 한 쌍 idéal [이데알] 이상적인.

● **qui는 '누가', '누구', '누구를' 이라는 뜻이에요.**

▷ qui가 주어일 때 qui est-ce qui로도 써요. 이때 동사는 3인칭 단수로 써요.

Qui est là? 거기 누구 있어요?
= Qui est-ce qui est là?

▷ qui가 속사나 직접 목적어일 때 est-ce que를 붙이면 주어와 동사가 바뀌지 않아요.

Qui es-tu? 너는 누구니?
Qui regardez-vous?
= Qui est-ce que vous regardez? 누구를 쳐다보세요?

● **관계대명사 que**

que는 관계절에서 직접목적어나 속사(=영어의 보어)를 대신해요.

Elle n'est plus ce qu'elle a été. 그녀는 과거의 그녀가 아니다.
Voilà la dame que j'ai vue hier. 어제 내가 본 부인이 저기 있어요.

이 문장에서 vue는 동사 앞에 놓인 직접목적어 que(=la dame)에 일치한 거예요.

● **que는 '얼마나', '정말로'의 감탄사로 쓰이기도 해요.**

Que c'est charmant! 얼마나 매력적인가!

▷ que 이외에도 combien과 comme가 감탄사로 쓰여요.

Combien il est gentil! 그는 얼마나 친절한가!
Comme elle est belle! 그녀는 얼마나 예쁜가!

3 호텔이 아닌 호텔

△ 오뗄디외 hôtel-Dieu에서 hôtel은 '호텔'이고 Dieu는 '신'인데, 이 둘을 합치면 '시립병원'을 뜻해요. Hôtel-Dieu 처럼 h를 대문자로 표기하면 '파리 시립병원'이에요.

◁ 오뗄 드 빌 Hôtel de ville은 '시청'인데, 여기서 Hôtel은 '공공 건축물'의 의미로 쓰인 거예요. 메리 mairie는 시청의 다른 말인데 읍사무소, 면사무소, 구청을 말하기도 해요. 시장, 읍장, 면장, 구청장은 메르 maire라고 해요.

| 문 | 화 | 산 | 책 | 프랑스 대통령은 엘리제 Elysée에서, 수상은 마띠뇽 Matignon에서 집무해요.

△엘리제 궁

△오뗄 드 마띠뇽

우리나라 신문에서는 엘리제궁 Palais de l'Elysée[빨레 드 렐리제]이라고 하지요. 수상 집무실이 있는 건물은 오뗄 드 마띠뇽 Hôtel de Matignon이랍니다.

즐겁게 배우는 프랑스어

● 만남과 대화

: Vous connaissez les hôtels qui ne sont pas des 'hôtels'?
[부 꼬네쎄 레조뗄 끼 느 쏭 빠 데조뗄]

: Oh! j'en connais un : l'Hôtel de ville.
[오, 장 꼬네 욍, 로뗄 드 빌]

: Il y en a encore. Devinez!
[일리 아나 앙꼬르, 드비네]

: Je n'ai aucune idée.
[쥬 네 오뀐느 이데]

: C'est l'hôtel-Dieu, l'hôpital municipal.
[쎄 로뗄 디외, 로삐딸 뮈니씨빨]

: Vous êtes un bon professeur.
[부제뜨 욍 봉 프로페쐬르]

준: '호텔'이 아닌 호텔을 아세요?
하나: 아! 하나 알아요. 시청(=호텔 드 빌).
준: 더 있어요. 알아맞춰보세요!
하나: 머리에 떠오르는 것이 전혀 없는데요.
준: 시립병원인 오뗄-디외예요.
하나: 당신은 훌륭한 선생님이네요.

| 새로운 낱말 | deviner [드비네] 알아맞히다 ne...aucun(e) [느...오꿩] 어떠한 ~도 않다 idée [이데] 생각, 아이디어
hôpital [오삐딸] 병원 municipal [뮈니씨빨] (도)시의

▷ j'en connais un에서 en이 중성대명사인 것 아시죠!
여기에서 en은 수량을 나타내는 말 un의 뒤에 오는 명사만 대신했어요.
J'ai deux frères. ⇒ J'en ai deux.

▷ Vous êtes professeur와 Vous êtes un bon professeur는 둘 다 맞는 표현이에요.
직업, 신분, 국적, 종교를 나타내는 명사 앞에서는 관사를 생략하지만, 형용사와 같이 쓰일 때는 관사를 붙여줘요.

4 빌 ville이 붙은 아파트가 많아요

ville은 도시이고, village[빌라쥬]는 마을이에요. 교외는 banlieue[방리외]라고 해요.

프랑스는 전국의 지역을 Région[레지옹], département[데빠르뜨망], commune[꼬뮌]으로 나누어요. Région은 광역 지방으로 두 개 이상의 département(도)로 구성되어요. commune은 최소 단위의 지방자치단체예요. 프랑스에는 26개의 Région이 있는데 프랑스 본토에 22개 그리고 해외에 4개가 있어요.

● 빌ville이 붙은 아파트를 살펴볼까요?

쉐르빌 Chéreville	chéreville은 chère ville로 표기해요. ville(도시)이 여성 명사니까 cher(사랑하는, 소중한)의 여성형인 chère를 써야 맞아요.
파크빌 Parkvill	파크빌은 영어와 '빌'을 합성했네요. 공원은 프랑스어로 parc[빠르끄]예요. 빌은 ville로 표기해야겠지요!
센트레빌 Centreville	centre(중심, 중앙)는 센트레가 아니라 [쌍트르]가 정확한 발음이에요.
쌍떼빌 Santevill	santevill은 santé ville로 표기해야 해요. santé[쌍떼]는 건강이라는 뜻이에요.

● 그밖에 프랑스어를 사용한 아파트

르메이에르 Le meilleur	le meilleur[르 메이외르]는 봉bon(좋은)의 최상급으로 '가장 좋은', '가장 나은'의 의미예요.
아르누보 Artnouveau	아르art는 '예술', '미술' 이고, 누보nouveau는 '새로운', '최신의' 의 뜻이에요.
파비리온 Pavillon	pavillon[빠비용]은 '정자', '작은 건물', '소규모의 빌라'를 뜻해요.

|문|화|산|책| 1920년대 국제주의 양식의 대표적인 건축가 르 꼬르뷔지에(1887~1965)를 아세요?

르 꼬르뷔지에는 철근 콘크리트 골조를 근대 건축의 표현 양식으로 발전시킨 사람이에요.

정규 건축 교육을 받은 적이 없던 그가 피카소, 브라크 등 입체파 화가들을 만나면서, 그들의 영향을 받아 철근 콘크리트 골조를 기반으로 내부와 외부 공간이 서로 연결되는 새로운 건축 기법의 구조를 최초로 실현했답니다. 그러나 무엇보다도 그의 업적은 현대 건축이 나아가야 할 방향을 선구적으로 제시했다는 데 있어요.

르 꼬르뷔지에Le Corbusier가 1952년에 프랑스 남부의 마르세유에 준공된 대규모 아파트 단지 '유니테 Unité[위니떼]'를 설계하였을 때, 삭막하고 비인간적이라는 비판을 받았어요. 하지만 지금은 기능성과 경제성 덕분에 현대 도시에서 빼놓을 수 없는 구성 요소라는 평가를 받고 있지요.

우리 주위에서 흔히 보는 아파트 단지의 원형이라고 할 수 있답니다.

즐겁게 배우는 프랑스어

● 만남과 대화

 : En Corée, il y a pas mal d'appartements dont le nom est en français.
[앙 꼬레, 일리아 빠 말 다빠르뜨망 동 르 농 에땅 프랑쎄]

Vous en êtes au courant ?
[부자네뜨 오 꾸랑]

 : Non. C'est quand même très curieux.
[농. 쎄 깡 멤므 트레 뀌리외]

Y a-t-il tant de Coréens qui comprennent le français ?
[이아띨 땅 드 꼬레엥 끼 꽁프렌느 르 프랑쎄]

 : Je ne le crois pas.
[쥬 느 르 크루아 빠]

C'est à cause de l'image de la France qu'ils préfèrent les noms français.
[쎄따꼬즈 드 리마쥬 들라 프랑쓰 낄 프레페르 레 농 프랑쎄]

 : Quelle image ?
[껠 이마쥬]

 : Si vous leur prononcez quelques mots français,
[씨 부 뢰르 프로농쎄 껠끄 모 프랑쎄]

ils les trouveront très beaux et ils vous prendront pour artiste.
[일 레 트루브롱 트레 보 에 일 부 프랑드롱 뿌르 아르띠스뜨]

병쌍: 한국에는 아파트의 이름이 프랑스어로 된 것이 꽤 많아요. 알고 있어요?
소피: 아니요. 어쨌든 신기한데요. 프랑스어를 이해하는 한국 사람들이 그토록 많나요?
병쌍: 그렇게 생각하지 않아요. 그들이 프랑스 이름을 선호하는 것은 프랑스의 이미지 때문이에요.
소피: 어떤 이미지요?
병쌍: 만약 당신이 그들에게 프랑스어 몇 마디를 발음해보세요.
그들은 그것을 매우 아름답다고 생각할 것이고, 당신을 예술가로 여길 거예요.

| **새로운 낱말** | **pas mal de** [빠 말 드] 꽤 많은   **être de** [에트르 드] 출처, 출신   **être au courant de** [에트르 오 꾸랑 드] ~을 잘 알고 있다   **quand même** [깡 멤므] 그렇지만, 그래도   **curieux(se)** [뀌리외] 신기한, 호기심 많은   **comprendre** [꽁프랑드르] 이해하다   **croire** [크루아르] 믿다, 생각하다   **à cause de** [아 꼬즈 드] ~때문에   **prononcer** [프로농쎄] 발음하다   **trouver** [트루베] 생각하다, 발견하다

● **dont은 전치사 de를 포함한 관계대명사예요.**

dont 속에 포함된 de가 관계절의 어느 한 부분과 연결돼요.

Voilà l'appartement dont le nom est en français.
⇒ Voilà l'appartement + le nom de l'appartement est en français

Connaissez-vous cet homme dont on parle? 사람들이 얘기하는 저 남자를 아세요?
⇒ Connaissez-vous cet homme + on parle de cet homme

Il a une belle maison dont j'ai besoin. 그는 내가 필요한 예쁜 집을 갖고 있다.
⇒ Il a une belle maison + j'ai besoin d'une belle maison

● **강조문**

C'est à cause de l'image de la France qu'ils préfèrent les noms français는 강조문이에요.
강조문은 문장의 한 요소를 강조한 거예요. 주어를 강조할 때는 c'est...qui, 그밖의 요소를 강조할 때는 c'est...que로 표현해요.
강조부분이 복수일 때는 ce sont...qui, ce sont...que로 써요.

J'habite à Séoul.
⇒ **C'est moi qui habite à Séoul.**
  *인칭대명사는 c'est 다음에 놓일 때 강세형으로 써요.
⇒ **C'est à Séoul que j'habite.**

Il m'a donné ces livres.
⇒ **Ce sont ces livres qu'il m'a donnés.**
  *기억하시죠! donnés의 s는 직접목적어 ces livres가 동사보다 앞에 놓여서 일치된 거예요.
⇒ **c'est à moi qu'il a donné ces livres.**
  *간접목적어를 강조할 때에는 à+강세형으로 바꿔 줘야 해요.

▷ ils vous prendrez pour artiste에서 prendre A pour B는 'A를 B로 간주하다' 예요. 이 표현은 considerer A comme B로도 써요.

Le professeur prend les étudiants pour ses enfants.
= **Le professeur considère les étudiants comme ses enfants.** 선생님은 학생들을 자기 아이들로 여긴다.

5 전원주택을 갖고 싶으시죠?

지뜨프로방스 Gîte-Provence(프랑스 남부의 프로방스 지방의 집)는 프로방스 지방의 별장 스타일을 재현했다는 전원별장 단지예요. 이 단지의 정원 이름은 샹드마비 Champs de Ma Vie(내 삶의 들판)라고 해요. 공해 없는 텃밭을 제공하겠다는 광고의 문구를 보니 뿌듯해지는 군요.

● 웰빙 well-being과 비에네트르 bien-être

영어의 well은 프랑스어의 bien이에요. 에트르 être는 영어의 be이고 명사로 쓰일 때는 '존재'를 의미해요. 프랑스에서 bien-être는 새로운 용어가 아니라 오래전부터 사용하던 말이에요. 웰빙에 대한 프랑스 사람들의 관심을 읽을 수 있는 대목이죠.

| 문 | 화 | 산 | 책 | 길은 크기에 따라 달리 표현해요.

프랑스의 길은 뤼rue, 아브뉘avenue, 불바르boulevard로 표현해요. 길은 보통 rue인데, 가로수가 있는 큰길은 avenue, 성벽이 있던 자리에 낸 길은 boulevard라고 해요.

프랑스에서는 길 한쪽은 짝수 번지가 이어지고, 다른 한쪽은 홀수 번지가 어이지는 방식으로 주소를 매겨요.

명함 carte de visite [까르뜨 드 비지뜨]에서 주소를 보세요.

번지부터 쓰고 길 이름이 나오지요?
파리 앞의 숫자는 우편 번호랍니다.

전철역 —— Métro Saint Maur   Tél 01 43 55 55 99
             45, rue Saint Maur   Fax 01 40 21 79 45
주소 ——   75011 Paris   Portable 06 60 68 80 34 —— 핸드폰 번호
                    |
                우편 번호

Agence Saint Maur Immobilière
William Simoncelli

즐겁게 배우는 프랑스어

● 만남과 대화

: Ces jours-ci, on s'intéresse beaucoup au bien-être.
[쎄 주르 씨, 옹 쌩떼레쓰 보꾸 오 비에네트르]

: Vous avez raison. C'est la mode.
[부자베 레종. 쎄 라 모드]

: C'est pourquoi les maisons de campagne se vendent bien.
[쎄 뿌르꾸아 레 메종 드 깡빠뉴 쓰 방드 비엥]

: Qu'est-ce que vous préférez, l'appartement ou la maison de campagne?
[께스끄 부 프레페레, 라빠르뜨망 우 라 메종 드 깡빠뉴]

: Je préfère l'appartement à la maison de campagne.
[쥬 프레페르 라빠르뜨망 아 라 메종 드 깡빠뉴]

Parce que je suis très occupée.
[빠르스끄 쥬 쒸 트레조뀌뻬]

Je n'aurai pas le temps d'y aller, même le week-end.
[쥬 노레 빠 르 땅 디 알레, 멤므 르 위껜드]

: C'est mon rêve d'en avoir une.
[쎄 몽 레브 다나부아르 윈]

Si je gagnais beaucoup d'argent, j'achèterais une maison de campagne.
[씨 쥬 가녜 보꾸 다르장, 자쉐뜨레 윈 메종 드 깡빠뉴]

하나: 요즘 사람들이 웰빙에 관심이 많아요.
준: 맞아요. 유행이에요.
하나: 그래서 전원주택이 잘 팔리고 있어요.
준: 당신은 아파트를 선호하세요 아니면 전원주택을 선호하세요?
하나: 전원주택보다 아파트를 더 선호해요. 왜냐하면 내가 몹시 바쁘거든요. 주말에조차 거기에 갈 시간을 없을 거예요.
준: 전원주택 한 채를 갖는 게 내 꿈이에요. 만약 내가 돈을 많이 번다면, 전원주택을 살 텐데.

| 새로운 낱말 | ces jour-ci [쎄주르씨] 요즘 avoir raison [아부아르 레종] 옳다 mode [모드] 유행 vendre [방드르] 팔다 se vendre 팔리다 être occupé(e) [에트르 오뀌뻬] 바쁘다 rêve [레브] 꿈 gagner [가녜] 돈을 벌다 argent [아르장] 돈

● **J'achèterais는 조건법 현재예요.**

조건법 현재는 현재 사실에 반대되는 가정을 할 때 쓰여요.
조건법 현재의 어미는 반과거의 어미(-ais, -ais, -ait, -ions, -iez, -aient)와 같아요.
어간은 단순미래의 어간이에요.

> 조건법 : 단순미래의 어간 + 반과거의 어미

aimer ⇒ j'aimerai ⇒ j'aimerais
avoir ⇒ j'aurai ⇒ j'aurais

▷ 조건문은 〈si 반과거, 조건법 현재〉 형태로 써요.

Si on avait beaucoup d'argent, on achèterait une maison de campagne.
만약 돈이 많다면, 전원주택을 살 텐데.

▷ J'achèterais에서 è에 주의하세요.
-e + 자음 + er의 1군 동사는 현재에서 변칙 변화했던 그대로 단순미래, 조건법 현재에서도 변칙 변화해요.

J'achète ⇒ J'achèterai ⇒ J'achèterais

● **préférer동사는 '더 좋아하다'라는 의미예요.**

'B보다 A를 선호하다'라고 표현할 때에는 préférer A à B로 써요. '더 좋아하다'라는 표현은 aimer mieux(~que)로도 쓸 수 있겠지요.

Les Parisiens préfèrent la campagne à la ville.
⇒ Les Parisiens aiment mieux la campagne que la ville. 파리 사람들은 도시보다 시골을 더 좋아한다.

▷ '시간이 없다'와 '그럴 시간이 없다'를 구별해서 쓰세요.
Je suis très occupé. Je n'ai pas de temps. 나는 너무 바쁘다. 나는 시간이 없다.
Je suis libre, mais je n'ai pas le temps de prendre du café. 나는 한가하지만 커피 마실 시간은 없다.

Ⅳ 스포츠와 로또

1. 붉은 악마와 예술축구 |162
2. 프랑스 오픈 테니스와 투르 드 프랑스가 재미있지요? |166
3. Lotto와 Loto |170

1 붉은 악마와 예술축구

붉은 악마가 영어로는 Red devil이래요. 프랑스어로는 데몽 루쥬Démon rouge가 되겠죠? Art soccer라는 프랑스 예술축구는 Art-football로 옮길 수 있겠네요. 프랑스 국가선수팀은 유니폼 색깔이 파란색이어서 레 블뢰les Bleus라고 불러요.

● 2004년을 읽어볼까요?

Euro 2004는 Euro deux mille quatre[외로 되 밀 까트르]라고 읽어요.

|문|화|산|책|

프랑스 프로축구팀들의 엠블렘이에요. 각 팀의 연고지를 지도에서 찾아볼까요?

Les Bleus ont gagné

즐겁게 배우는 프랑스어

● 만남과 대화

: Tu as vu le match de football hier à la télévision?
[뛰 아 뷔 르 마취 드 풋볼 이에르 아 라 뗄레비지옹]

: Quel match?
[껠 마취]

: Celui de l'équipe de France contre l'Espagne.
[쓸뤼 드 레끼쁘 드 프랑쓰 꽁트르 레스빠뉴]

Les Bleus ont gagné.
[레 블뢰 옹 가녜]

: Oui. C'était vraiment l'Art-football.
[위, 쎄떼 브레망 라르 풋볼]

Nous appelons ainsi le football de France.
[누자쁠롱 엥씨 르 풋볼 드 프랑쓰]

: Mais notre équipe de France a été battue par l'équipe
[메 노트르 에끼쁘 드 프랑쓰 아 에떼 바뛰 빠르 레끼쁘]

de Corée à la Coupe du Monde deux mille deux.
[드 꼬레 아 라 꾸쁘 뒤 몽드 되 밀 되]

: C'est le Démon rouge, groupe de supporters,
[쎄 르 데몽 루쥬, 그루쁘 드 쒸뽀르떼르]

qui avait un rôle important dans cette victoire.
[끼 아베 욍 롤르 엥뽀르땅 당 쎄뜨 빅뚜아르]

뱅쌍: 어제 TV에서 축구 경기 봤니?

준: 어떤 경기?

뱅쌍: 프랑스팀 대 스페인의 경기. 블루(=프랑스 국가선수팀)가 이겼어.

준: 그래. 정말로 예술축구였어. 우리는 프랑스 축구를 그렇게 불러.

뱅쌍: 그렇지만 우리 프랑스팀은 2002년 월드컵에서 한국팀에게 졌어.

준: 그 승리를 이끄는 데 중요한 역할을 한 것은 바로 응원단, 붉은 악마예요.

| 새로운 낱말 | match de football [마취 드 풋불] 축구 경기 équipe [에끼쁘] 팀 contre ~에 대하여 gagner [가녜] 이기다 ainsi [엥씨] 이렇게, 그렇게 battre [바트르] 쳐부수다 Coupe du Monde [꾸쁘 뒤 몽드] 월드컵 groupe de supporters [그루쁘 드 쒸뽀르떼르] 응원단 rôle [롤르] 역할 victoire [빅뚜아르] 승리

● **celui de l'équipe de France의 celui는 성, 수에 따라 변화하는 지시대명사예요.**

이 지시대명사는 다음에 de+명사가 오거나 de+관계절이 올 때 쓰여요. '이것(사람)', '그것(사람)'의 의미예요. 원근을 구별할 때는 -ci를 붙여서 가까운 것을, -là를 붙여서 먼 것을 표현해요.

남성 단수	여성 단수	남성 복수	여성 복수
celui	celle	ceux	celles
celui-ci	celle-ci	ceux-ci	celles-ci
celui-là	celle-là	ceux-là	celles-là

Voici mon sac et celui de ma mère. 여기 내 가방과 어머니 것이 있다.
Connaissez-vous ceux qui ont joué au football? 축구를 한 사람들을 아세요?
Nous avons deux voitures. Celle-ci est à moi, celle-là à mon frère.
우리는 자동차가 두 대다. 이것은 내 것이고 저것은 내 동생 것이다.

● **notre équipe de France a été battue par는 수동태예요.**

▷ 프랑스어의 수동태는 être+과거분사+par(de)예요. 시제는 조동사로 표현해요. 그러니까 a été battue는 복합과거겠지요. 과거분사를 주어의 성, 수에 일치시키세요.
Ses romans sont lus **par** tout le monde. 그의 소설들은 모든 사람들에게 읽힌다.

▷ par는 동사가 구체적, 일시적 행위를 나타낼 때, de는 동사가 감정이나 추상적인 의미를 나타낼 때 써요.
Elle est aimée **de** tout le monde. 그녀는 모든 사람들에게 사랑받는다.

2 프랑스 오픈 테니스와 투르 드 프랑스가 재미있지요?

2004년 프랑스 오픈 테니스 Les Internationaux de France de tennis[레젱떼르나씨오노 드 프랑쓰 드 떼니쓰] 포스터네요. 롤랑 가로스 Roland-Garros는 이 경기가 열리는 파리의 테니스 코트 이름이에요.

투르 드 프랑스 Tour de France[뚜르 드 프랑쓰](프랑스 일주 사이클 대회)는 1903년에 시작된 국제 사이클 대회예요. 해마다 7월이면 21개의 구간을 도는 경주가 열려요.

| 문 | 화 | 산 | 책 | 프랑스의 대표적인 국제 스포츠 대회

프랑스에서는 6월에 프랑스 오픈 테니스, 7월에 프랑스 일주 사이클 대회가 열려요. 특히 자전거 경주, 투르 드 프랑스는 프랑스 국민뿐만 아니라 유럽인들을 TV앞에 묶어놓고 열광시키는 유명한 스포츠 대회랍니다. 총 21구간(프롤로그 구간 포함)으로 나뉘는데 알프스산맥, 피레네산맥의 산악도로도 포함되어 있어 인간의 한계를 테스트하는 경기라고 해요. 매 구간 승자는 다음 날 노란 사이클 복을 입는 것이 이색적이죠. 2004년 대회의 최대 관심사는 '사이클 황제', 랜스 암스트롱이 대회 사상 최초로 6연패를 달성할 것인가 였어요. 그런데 통쾌하게 해냈죠. 암스트롱은 1996년 암 선고를 받고도 우승을 거듭하고 있어 인간 승리로 기억되고 있어요.

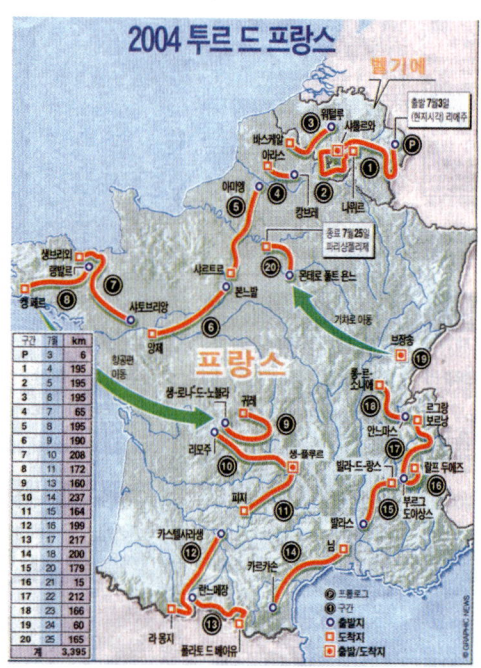

△ 랜스 암스트롱

즐겁게 배우는 프랑스어

● 만남과 대화

 : Quels sont les événements sportifs en France?
[껠 쏭 레제벤느망 쓰뽀르띠프 앙 프랑쓰]

 : Nous avons le Roland-Garros en juin et le Tour
[누자봉 르 롤랑가로쓰 앙 쥐엥 에 르 뚜르]
de France en juillet.
[드 프랑쓰 앙 쥐이에]

 : Je voudrais savoir lequel des deux vous préférez.
[쥬 부드레 싸부아르 르껠 데 되 부 프레페레]

 : Ça dépend. Les uns se passionnent pour
[싸 데빵. 레정 쓰 빠씨온느 뿌르]
les matchs de tennis, les autres pour le cyclisme.
[레 마취 드 떼니쓰, 레조트르 뿌르 르 씨끌리씀]

 : Vous avez été au stade Roland-Garros?
[부자베 에떼 오 쓰따드 롤랑가로쓰]

 : Non, mais le Tour de France, j'en regarde toutes les étapes
[농, 메 르 뚜르 드 프랑쓰, 장 르가르드 뚜뜨 레제따쁘]
à la télévision.
[알라 뗄레비지옹]

준: 프랑스에는 어떤 스포츠 행사가 있나요?
소피: 6월에 프랑스 오픈 테니스가 있고 7월에 프랑스 일주 사이클 대회가 있어요.
준: 그 둘 중에 당신들은 어느 것을 더 좋아하는지 알고 싶어요.
소피: 그것은 사람 나름이죠. 어떤 사람들은 테니스 시합에 열광하기도 하고 어떤 사람들은 자전거 경주에 열광하지요.
준: 롤랑가로스 경기장에 가본 적이 있어요?
소피: 아니요. 하지만 투르 드 프랑스는 전 구간을 TV에서 시청해요.

| 새로운 낱말 | événements [에벤느망] 행사, 이벤트   les uns…les autres [레죙…레조트르] 한쪽은…다른 쪽은   se passioner…pour 열광(열중)하다   cyclisme [씨끌리씀] 자전거 경기   stade [쓰따드] 경기장   étape [에따쁘] 구간, 단계

● **Je voudrais savoir lequel~**은 간접의문문이에요.

간접의문문에 의문사가 있을 때는 대개의 경우 의문사를 그대로 쓰고, 의문사가 없을 경우에는 si 로 연결해요. 주어, 동사는 도치되지 않아요.

Il me demande : 《Vous aimez le tennis?》
⇒ Il me demande si j'aime le tennis.
그는 나에게 테니스를 좋아하는지 묻는다.

Elle me demande : 《Pourquoi adorez-vous Lance Armstrong?》
⇒ Elle me demande pourquoi j'adore Lance Armstrong.
그녀가 나에게 왜 랜스 암스트롱을 좋아하느냐고 묻는다.

● 시간, 날짜, 요일, 달, 계절, 해 앞에서 시점을 표현하는 방법이 각기 달라요.

• Nous partons à 10 heures.
　~시 앞에는 à를 써요.

• Le Tour de France commence le 7 juillet.
　날짜 앞에는 정관사 le를 쓰고, ~일 '에'를 나타내는 전치사는 쓰지 않아요.

• Nous ne travaillons pas le dimanche.
　요일 앞에도 전치사를 쓰지 않아요. '매주'라고 표현할 때는 정관사 le를 써요.

• Il pleut beaucoup en été.
　계절 앞에는 en을 붙여요.

• Mon fils est né en 2001.
　해 앞에도 en을 붙여요.

③ Lotto와 Loto

한국의 로또 lotto는 t가 두 개인데, 프랑스의 로또 loto는 t가 하나예요.

| 문 | 화 | 산 | 책 | 프랑스의 로또에 대해 궁금증을 풀어볼까요?

- 프랑스의 로또는 1976년 5월 19일에 시작되었어요. 우리나라 로또는 2002년 12월 2일에 시작되었지만 처음부터 로또 전용단말기를 이용하는 전자식 복권이었지요. 프랑스에서는 이런 방식이 2000년 초에 시작되었답니다.
- 복권 당첨 번호는 1에서 49까지의 숫자 중에서 6개의 숫자와 1개의 보충 숫자로 이루어져요.
- 로또는 담배 가게 bureau de tabac[뷔로 드 따바]나 로또 사무실에서 구입할 수 있어요.
- 추첨은 일주일에 네 번, 수요일과 토요일에 두 번씩해요. 프랑스 국영 TV, France2에서 저녁 8시 45분에 생방송으로 방영해요.
- 1998년 통계로는 82%의 프랑스 인들이 로또를 한 적이 있고, 42%가 일년에 적어도 한 번하며, 로또를 즐기는 사람들 가운데 32%가 일주일에 적어도 한 번씩 규칙적으로 한다고 해요.

즐겁게 배우는 프랑스어

● 만남과 대화

: Est-ce que tu as vu le tirage du loto hier à la télé?
[에스끄 뛰 아 뷔 르 띠라쥬 뒤 로또 알라 뗄레]

: Non. Tu as joué au loto?
[농. 뛰 아 주에 오 로또]

: Oui, il y a trois jours, j'avais enregistré trois bulletins.
[위, 일리아 트루아 주르, 자베 앙르지스트레 트루아 뷜뗑]

Mais j'ai raté le résultat.
[메 줴 라떼 르 레쥘따]

: Ce n'est pas grave.
[쓰 네빠 그라브]

Tu peux te renseigner au journal.
[뛰 쁴 뜨 랑쎄녜 오 주르날]

Si tu gagnes, invite tous nos amis.
[씨 뛰 가뉴, 엥비뜨 뚜 노자미]

: Bien entendu! Dis-leur d'attendre
[비에낭땅뒤. 디 뢰르 다땅드르]

le moment historique.
[르 모망 이스또리끄]

뱅쌍: 어제 TV에서 로또 추첨을 봤니?
마리: 아니. 너 로또 했어?
뱅쌍: 그래. 3일 전에 로또 3장을 기입했어. 그런데 추첨 결과를 놓쳤어.
마리: 괜찮아. 신문사에 알아볼 수 있어. 만약 네가 로또에 당첨되면 친구들 모두 초대해라.
뱅쌍: 물론이지! 그들에게 역사적인 순간을 기다리라고 얘기해.

| 새로운 낱말 | tirage du loto [띠라쥬 뒤 로또] 로또 추첨 enregistrer [앙르지스트레] 등록(가입)하다 bulletin [뷜뗑] 표,장 rater [라떼] 놓치다, 잃다 résultat [레쥘따] 결과 dire à 사람 de inf ~에게 ~라고 말하다 attendre [아땅드르] 기다리다

● **j'avais enregistré 는 대과거예요.**

대과거는 과거의 어떤 사실보다 먼저 이루어진 사실을 나타내요.

대과거 : 조동사(avoir 또는 être)의 반과거 + 과거분사

Je rêve ⇒ J'ai rêvé ⇒ J'avais rêvé   Je vais ⇒ Je suis allé(e) ⇒ J'étais allé(e)

Ⅳ. 스포츠와 로또 | 171

Ⓥ 예술의 나라

1. 칸 영화제 Festival de Cannes와 아비뇽 연극축제 Festival d'Avignon를 아세요? | 174
2. 프랑스 화가들의 서울 전시회를 가보셨어요? | 178
3. 교보문고와 프낙FNAC 사이트에 들어가 보세요 | 182

1 칸 영화제 Festival de Cannes 와 아비뇽 연극축제 Festival d'Avignon 를 아세요?

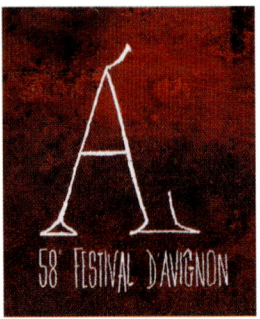

△ 흔히 칸 축제 Festival de Cannes[페스띠발 드 깐느]라는 영화제의 원명은 칸 국제영화제 Festival international de cinéma de Cannes[페스띠발 엥떼르나씨오날 드 씨네마 드 깐느]예요.

◁ 아비뇽 연극축제 Festival d'Avignon[페스띠발 다비뇽]가 열리는 아비뇽은 14세기(1309~1379)에 로마 교황청 Palais des Papes[빨레 데 빠쁘]이 있던 곳이에요.

| 문 | 화 | 산 | 책 | 프랑스의 대표적인 예술축제

칸 영화제는 매년 5월 중순에 2주일간 열려요. 2004년 57회 칸 영화제에서 박찬욱 감독의 『올드 보이』가 수상한 그랑프리는 심사위원상Grand Prix du jury[그랑 프리 뒤 쥐리]이죠. 이 그랑프리 위에 황금종려상Palme d'or[빨름 도르]이 있어요. 시상은 영화궁Palais du Cinéma[빨레 뒤 씨네마]에서 해요. 이 영화제의 주상영관은 뤼미에르 극장Salle de Lumière[쌀 드 뤼미에르]이에요. 우리나라 강남에도 동명의 극장이 있지요.

칸의 Palais du Cinéma

아비뇽의 Palais des Papes

아비뇽 연극축제는 1947년 9월 유명한 연출가 겸 배우인 장 빌라르Jean Vilar가 시작했어요. 매년 7월에 시작해서 한 달가량 열리는데, 2003년 축제는 '공연예술 비정규직 노동자들'이 실업수당 축소에 항의해서 이 축제를 원천 봉쇄하는 바람에 무산되었어요. 연극제 동안에는 고풍 창연한 도시의 모든 거리와 광장에서 연극뿐만 아니라 발레, 음악 등 여러 종류의 공연예술을 매일 밤 만끽할 수 있답니다. 주극장은 교황청 궁전의 앞마당이에요.

즐겁게 배우는 프랑스어

● 만남과 대화

: Qu'est-ce que vous avez fait comme études ?
[께스끄 부자베 페 꼼므 에뛰드]

: J'ai fait du français en Corée et du cinéma en France.
[줴 페 뒤 프랑쎄 앙 꼬레 에 뒤 씨네마 앙 프랑쓰]

: Ah ! C'est pourquoi vous assistez souvent au Festival de Cannes.
[아, 쎄 뿌르꾸아 부자씨스떼 쑤방 오 페스띠발 드 깐느]

: C'est ça. Cette année aussi, j'étais sur place,
[쎄 싸. 쎄딴네 오씨, 줴떼 쒸르 쁠라쓰]

quand M. Park, réalisteur, a reçu le Grand Prix du jury.
[깡 므씨외 박, 레알리자뙤르, 아 르쒸 르 그랑 프리 뒤 쥐리]

: Est-ce que vous n'y êtes pas allé avec votre femme ?
[에스끄 부 니 에뜨 빠잘레 아베끄 보트르 팜므]

: Non. Si elle n'avait pas été occupée, elle m'aurait accompagné.
[농. 씨 엘 나베 빠 에떼 오뀌뻬, 엘 모레 아꽁빠녜]

Et elle aurait participé aussi au Festival d'Avignon.
[에 엘 오레 빠르띠씨페 오씨 오 페스띠발 다비뇽]

소피: 당신은 무엇을 전공했어요?
준: 한국에서는 불어를 전공했고 프랑스에서는 영화를 전공했어요.
소피: 아! 그래서 칸 영화제에 자주 참석하시는군요.
준: 맞아요. 올해 역시, 박감독이 심사원상을 수상했을 때도 그 자리에 있었어요.
소피: 당신 부인과 같이 거기에 가지 않았어요?
준: 네. 그녀가 바쁘지 않았었더라면 나와 같이 갔을 거예요.
그리고 그녀는 아비뇽 연극축제에도 참가했을 거예요.

| 새로운 낱말 | **assister à** [아씨스떼 아] 참석하다 **sur place** [쒸르 쁠라쓰] 현장에, 그 자리에 **réalisateur** [레알리자뙤르] 감독 **a reçu** [아 르쉬] 받다, recevoir의 복합과거 **participer à** [빠르띠씨뻬 아] 참여하다

● **elle aurait accompagné, elle aurait participé는 조건법 과거예요.**

조건법 과거는 조동사를 조건법 현재로 쓴 다음 과거분사를 쓰면 돼요.

> 조건법 과거 : 조동사 (avoir 또는 être)의 조건법 현재 + 과거분사

je participe ⇒ je participerais ⇒ j'aurais participé
Elle va ⇒ elle irait ⇒ elle serait allée

▷ 조건법 과거는 과거 사실에 반대되는 가정을 할 때 쓰여요.
조건문은 〈si 대과거, 조건법 과거〉 형태로 써요.
Si j'avais gagné le loto, j'aurais fait le tour du monde.
만일 내가 로또에 당첨됐다면, 세계 일주를 했을 텐데.
Si elle était arrivée à l'heure, elle n'aurait pas manqué le train.
그녀가 정시에 도착했다면, 기차를 놓치지 않았을 텐데.

▷ si 가정절이 없는 조건문은 부정법, sans+명사(대명사), 제롱디프(gérondif) 등으로 조건을 나타낼 수 있어요.
Vous seriez bien sot de refuser. 당신이 거절한다면 바보일거예요.
Sans ton aide, il n'aurait pas réussi. 너의 도움이 없었다면 그는 성공하지 못했을 것이다.
On serait heureux en pardonnant. 용서한다면 행복할 것이다.

2 프랑스 화가들의 서울 전시회를 가보셨어요?

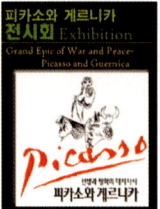

△ 샤갈Chagall 전시회는 2004년 7월 15일~10월 15일 서울시립미술관에서, 11월13일~2005년 1월6일 부산 시립미술관에서 열렸어요.

◁ 피카소Picasso의 게르니카 전시회가 2000년 7월 22일~8월 27일 63빌딩 특별전시관에서 열렸어요.

▷ 폴 고갱Paul Gauguin의 사후 100주년을 기념하는 고갱-타이티전이 시라크Chirac 대통령이 참석한 가운데 파리의 그랑빨레 국립미술관Galeries Nationales du Grand Palais[갈르리 나씨오날 뒤 그랑 빨레]에서 개막되었어요. 2003년 10월31일~2004년 1월 19일까지 전시했답니다.

● **musée와 galerie의 차이를 아세요?**

musée는 박물관, galerie는 미술관으로 번역하지요. 그렇지만 오르세 미술관은 프랑스어로 musée d'Orsay예요. 역사적 가치가 있는 미술품들을 소장하고 있어서 그런가 봐요. 루브르 박물관musée du Louvre의 진열실들도 galerie라고 해요. galerie는 원래 회랑(回廊)이라는 의미지요. 미술관을 galerie라고 하는 것은 바로크 건축에서 미술품 진열을 위해 회랑을 선정한 데서 비롯되었답니다.

|문|화|산|책| 피카소, 샤갈, 고흐는 프랑스 사람이 아니에요.

파리는 다양한 장르의 예술을 편견 없이 수용하고 천재를 알아보는 예술의 도시예요. 그래서 수많은 예술가들이 모여들지요. 특히 미술계에는 외국인이 많아요.
현대 미술의 대표적인 거장 피카소(1881~1973)는 스페인 출신으로 19세에 프랑스에 왔어요. 그리고 파리에서 곧 인정받았죠. 파리에는 그가 사망한 후 상속세 대신 기증받은 작품들을 모아 놓은 '피카소 미술관'이 있고 칸 근처 발로리스와 앙티브에도 그가 사용하던 작업실을 개조한 '피카소 미술관'들이 있어요.
유태인 정서를 물씬 풍기는 색채의 마술사 샤갈(1887~1985)은 러시아 출신으로 20대에 잠시 파리에 머물다가 10년 후에 다시 돌아왔어요. 노년에는 피카소 작업실에서 멀지 않은 방스에서 보냈어요. 파리 오페라 극장 l'Opéra de Paris에 들어가면 꼭 천장을 보세요. 그의 멋진 그림이 있답니다.
후기 인상파 화가인 고흐(1853~1890)는 네덜란드 출신으로 생애의 마지막 4년을 프랑스에서 보냈어요. 죽기 1년 전에는 고갱 때문에 귀를 자른 일화를 남긴 프랑스 남부 아를르에 와서 저 유명한 '해바라기 꽃'을 그렸어요.
르네상스 시대의 거장 레오나르도 다빈치(1452~1519)(레오나르 드 벵씨 Léonard de Vinci)가 프랑스에서 말년을 보낸 사실을 아세요? 그가 프랑수와 1세의 간청으로 프랑스에 올 때 모나리자(라 조꽁드 La Joconde)를 가지고 왔대요.

즐겁게 배우는 프랑스어

● 만남과 대화

: Vous savez?
[부싸베]

Depuis 15 jours, l'exposition Chagall a lieu aux galeries
[드퓌 껭즈 주르, 렉쓰뽀지씨옹 샤갈 아 리외 오 갈르리]

municipales de Séoul.
[뮈니씨빨 드 쎄울]

: J'y suis déjà allée la voir.
[지 쒸 데자 알레 라 부아르]

: Qu'est-ce que vous pensez de ses tableaux?
[께스끄 부 빵쎄 드 쎄 따블로]

: On dirait qu'il est un vrai magicien de couleurs.
[옹 디레 낄레 욍 브레 마지씨엥 드 꿀뢰르]

: Est-ce qu'il s'est tué lui aussi?
[에스낄 쎄 뛰에 뤼 오씨]

: Voyons, tous les peintres ne se sont pas tués comme Van Gogh.
[부아이옹, 뚜 레 뼁트르 느 쓰 쏭 빠 뛰에 꼼므 반 고그]

준: 아세요? 15일 전부터 샤갈전이 서울 시립미술관에서 열리고 있어요.
하나: 벌써 그것을 보러 거기에 갔었어요.
준: 그의 그림들에 대해 어떻게 생각하세요?
하나: 진정한 색채의 마술사인 것 같아요.
준: 그도 역시 자살했나요?
하나: 이봐요! 모든 화가들이 고흐처럼 자살하지는 않았어요.

| 새로운 낱말 | exposition [엑쓰뽀지씨옹] 전시회, 박람회 galerie [갈르리] 화랑 tableau [따블로] 그림 on dirait que ~ [옹 디레 끄] …것 같다 magicien [마지씨엥] 마술사 se tuer [쓰 뛰에] 자살하다 peintre [뺑트르] 화가

● **aller la voir**에서 **aller voir**는 장소 이동을 나타내는 동사 다음에 **pour**(위하여)가 생략되는 경우예요.

la(=l'exposition de Chagall)는 voir의 목적어예요.

Il vient chercher son chien = Il vient (pour) chercher son chien.
그는 자기 개를 찾으러 온다.

● **penser à와 penser de**

▷ penser 동사는 보통 penser à (~을 생각하다)의 형태로 쓰여요.

A qui pensez-vous? 누구를 생각해요?
Je pense à notre président. 나는 우리 대통령을 생각한다.

A quoi pensent-elles? 그녀들은 무엇을 생각하니?
Elles pensent à leur avenir. 그녀들은 자신의 미래를 생각한다.

▷ Qu'est-ce que vous pensez de~?는 '무엇에 대하여 어떻게 생각하십니까?'의 의미예요.
Qu'est-ce que vous pensez de la France? 프랑스에 대해 어떻게 생각해요?

On dirait qu'il est un vrai magicien de couleurs

3 교보문고와 프낙FNAC
사이트에 들어가 보세요

1974년 파리 몽파르나스에 등장한 프낙FNAC은 현재 55개의 도시에 67개의 매장이 있고 해외 일곱 나라에 지점이 있답니다.

1981년 문을 연 교보문고는 성장을 거듭해 초대형 복합 문화 공간으로 자리 잡았어요. 강남에도 멋진 건물을 지었어요.

| 문 | 화 | 산 | 책 | 프낙은 프랑스의 교보문고예요.

프낙은 프랑스 최대의 서점이면서 온갖 문화상품을 취급하지요. 프낙 사이트에 들어가 보면 취급하는 제품이 무궁무진해요. 책은 물론 음반, DVD와 비디오, 게임기, 컴퓨터 용품, 각종 소프트웨어, 음악가전, 사진뿐만 아니라 여행상품 및 공연 티켓까지 취급해요. 1974년 파리에 첫 서점이 등장했을 때 가격 할인으로 많은 손님을 끌었답니다. 수익은 기타 상품판매로 보충했대요. 지금은 할인 폭이 많이 줄었지만 5%는 기본으로 해주고 있어요.

즐겁게 배우는 프랑스어

● 만남과 대화

 : Il me faut quelques livres français aussi tôt que possible,
[일 므 포 껠끄 리브르 프랑쎄 오씨 또 끄 뽀씨블]

mais je ne sais quoi faire.
[메 쥬 느 쎄 꾸아 페르]

 : Ne vous inquiétez pas.
[느 부젱끼에떼 빠]

Vous n'avez qu'à les commander à la FNAC par l'Internet.
[부 나베 까 레 꼬망데 알라 프낙 빠르 렝떼르네]

 : Vous voulez dire sur le site de la FNAC ?
[부 불레 디르 쒸르 르 씨뜨 드 라 프낙]

 : Oui, tapez 'fnac.fr'.
[위, 따뻬 프낙 뿌엥 에프에르]

Vous y trouverez autant de livres que vous voulez.
[부지 트루브레 오땅 드 리브르 끄 부 불레]

 : Puis-je avoir une réduction ?
[쀠 쥬 아부아르 윈 레뒥씨옹]

 : Certainement, il y a jusqu'à 5%.
[쎄르뗀느망, 일리아 쥐스까 쌩끄 뿌르쌍]

준: 가능한 한 빨리 프랑스 책 몇 권이 필요해요. 그런데 어떻게 해야 될지 모르겠어요.
소피: 걱정하지 마세요. 인터넷으로 프낙에 그것들을 주문하기만 하면 돼요.
준: 프낙 싸이트에서 주문하라는 뜻입니까?
소피: 네, fnac.fr을 쳐보세요. 당신이 원하는 만큼의 책들이 거기에 다 있을 거예요.
준: 할인도 받을 수 있나요?
소피: 물론이에요, 5프로까지 할인이 돼요.

| 새로운 낱말 | il me faut [일 므 포] 나에게 ~필요하다 quelques [껠끄] 몇몇의 aussi tôt que possible [오씨 또 끄 뽀씨블] 가능한 한 빨리 n'avoir qu'à inf ~하기만 하면 된다 commander [꼬망데] 주문하다 vouloir dire [불루아르 디르] ~을 의미하다 taper [따뻬] 타자 치다 réduction [레뒥씨옹] 할인 puis-je [쀠쥬] je peux는 도치일 경우에 puis-je로 써요.

▷ je ne sais quoi faire는 je ne sais pas 다음에 간접 의문절이 올 때 pas가 생략된 경우예요.